확신을 위한 질문들

확신을 위한 질문들

지은이 | 김병훈
초판 발행 | 2024. 8. 21
등록번호 | 제1988-000080 호
등록된 곳 | 서울특별시 용산구 서빙고로 65길 38
발행처 | 사단법인 두란노서원
영업부 | 2078-3333   FAX | 080-749-3705
출판부 | 2078-3331

책값은 뒤표지에 있습니다.
ISBN 978-89-531-4890-1 03230

독자의 의견을 기다립니다.
tpress@duranno.com   www.duranno.com

두란노서원은 바울 사도가 3차 전도여행 때 에베소에서 성령 받은 제자들을 따로 세워 하나님의 말씀으로 양육하던 장소입니다. 사도행전 19장 8-20절의 정신에 따라 첫째 목회자를 돕는 사역과 평신도를 훈련시키는 사역, 둘째 세계선교(TIM)와 문서선교(단행본·잡지) 사역, 셋째 예수문화 및 경배와 찬양 사역, 그리고 가정·상담 사역 등을 감당하고 있습니다. 1980년 12월 22일에 창립된 두란노서원은 주님 오실 때까지 이 사역들을 계속할 것입니다.

확신을
위 한
질문들

신학자에게 듣는
알기 쉬운 신앙 문답

김병훈 지음

두란노

목차

서문 • 8

1부 예수님과 십자가 구속에 대하여

1 예수님도 아담의 부패한 성품을 가지고 계시나요? • 14

2 예수님은 어떤 시험을 받으셨나요? • 17

3 예수님도 모르는 게 있으신가요? • 20

4 예수님도 십자가의 죽음을 두려워하셨나요? • 23

5 예수님이 받으신 십자가의 고통은 어떠한 것이었나요? • 27

6 예수님은 십자가 죽음 이후 지옥에 내려가셨나요? • 31

7 예수님의 부활은 누구의 능력에 의한 것인가요? • 34

8 예수님이 '하늘로 올려지셨다'는 것은 무슨 의미인가요? • 37

9 예수님이 '하나님 우편에 계시다'는 것은 무슨 의미인가요? • 40

10 예수님은 지금 무엇을 하시나요? • 43

11 예수님의 속죄의 범위는 어디까지인가요? • 46

12 예수님의 속죄는 꼭 필요한 일이었나요? • 49

2부 인간과 죄에 대하여

13 인간은 어떻게 존재하게 됐나요? • 56

14 인간은 무엇으로 구성되어 있나요? • 60

15 인간 창조에서 하나님의 형상은 무엇을 뜻하나요? • 63

16 아담과 하와는 어떻게 살아야 했나요? • 67

17 타락 이후의 후손들에게도 행위 언약이 적용되나요? • 71

18 하나님을 모르는 사람도 행위 언약 아래에 있나요? • 75

19 하나님은 왜 선악과를 먹지 말라고 하셨나요? • 79

20 생명나무의 열매를 먹으면 누구든 영원한 생명을 누리나요? • 83

21 지금도 이 땅 어딘가에 에덴동산이 존재하나요? • 87

22 죄란 무엇인가요? • 91

23 생각하는 것만으로도 죄가 되나요? • 94

24 죄가 크든 작든 모두 영원한 형벌을 받나요? • 98

25 타락한 천사들은 언제, 어떤 죄를 범했나요? • 102

26 아담이 범한 불순종의 죄는 그의 후손에게도 옮겨지나요? • 106

27 이 세상과 오는 세상에서 용서받지 못할 죄는 무엇인가요? • 110

28 아담의 타락 이후에 모든 사람은 죄의 노예가 되었나요? • 114

29 선과 덕을 행해도 하나님을 믿지 않으면 모두 죄의 노예인가요? • 118

3부 성도의 삶과 죽음에 대하여

30 '그리스도 안에' 있다는 것은 무슨 뜻인가요? • 126

31 기도는 성부, 성자, 성령 하나님 중 누가 받으시나요? • 130

32 은혜 언약은 조건적인가요, 무조건적인가요? • 133

33 모든 이에게 복음의 초청을 할 필요가 있나요? • 136

34 성도의 부활은 구약성경에서도 증거되고 있나요? • 139

35 부활하면 죽었던 몸이 다시 살아나나요? • 143

36 부활로 인해 누리는 유익은 무엇인가요? • 146

37 죽은 후에도 복음을 듣고 구원받을 수 있나요? • 150

38 의인들도 최후의 심판을 받나요? • 154

39 악인들이 받게 될 영원한 형벌이란 무엇인가요? • 158

40 악인들은 단지 멸절되는 것이 아닌가요? • 162

41 의인들이 누리게 될 영원한 생명이란 무엇인가요? • 166

42 의인들이 누리는 상급은 무엇인가요? • 170

4부 무소부재하신 하나님에 대하여

43 하나님의 존재를 논증할 수 있나요? • 178

44 무신론자들의 주장은 합당한가요? • 182

45 하나님은 단 한 분이신가요? • 186

46 홀로 참 하나님이신 그분은 누구인가요? • 190

47 '무한한 하나님'은 어떤 분이신가요? • 194

48 '광대한 하나님'은 어떤 분이신가요? • 198

49 '영원한 하나님'은 어떤 분이신가요? • 202

50 '불변한 하나님'은 어떤 분이신가요? • 206

서문

사람에게 주어진 첫째 가는 목적은 '영원토록 하나님을
영화롭게 하고 즐거워하는 것'이라는 〈웨스트민스터 소
요리 문답〉의 첫 번째 문항의 진술은 비단 장로교인에게
뿐 아니라 교파를 막론하고 널리 알려져 있습니다. 어떻
게 하나님을 영화롭게 하며 또한 즐거워할 수 있는지를
알 수 있는 길은 오직 하나입니다. 그것은 성경 말씀입
니다. 성경 말씀은 우리가 하나님을 영화롭게 하며 즐거
워하기 위하여 알아야 할 믿음의 사실과 행해야 할 의
무를 가르칩니다.

성경을 읽으면서 하나님과 하나님께서 행하신 일들을
살피고 연구할 때 우리는 임의로 행하는 헛된 신화나 사
변을 통해 하나님을 믿는다고 하는 어리석음을 피할 수

있습니다. 성경은 우리가 마땅히 알아야 할 것을 교훈하는 동시에 성경의 교훈을 바르게 이해하는 신앙의 표준 체계를 세우는 기초가 됩니다. 이에 따라 세워진 신앙의 표준 문서는 신앙 고백서 또는 요리 문답의 형식으로 진술됩니다. 이렇게 만들어진 표준 문서를 바르게 익히고, 성경의 가르침을 부지런히 배우고 표준 문서에 담긴 교리를 확인하면서 어긋나지 않게 성경을 읽어 간다면 진리에서 이탈할 일은 전혀 없게 됩니다.

이 책은 교인들이 성경을 읽으면서 또는 설교를 들으면서 궁금히 여길 만한 여러 주제 가운데 50가지를 문답의 형식으로 정리하고 이 질문들에 대하여 핵심 포인트를 간략히 적어 둔 글들을 엮어낸 것입니다. 이 글들은 오래전에 합동신학대학원대학교의 소식지인 〈합동소식〉에 여러 차례 기고했던 원고를 기초로 한 것입니다. 유치부 어린이로부터 장년에 이르기까지 신앙생활하면서 궁금하게 여겼을 이런저런 신앙 관련 질문들이 있을 것입니다. 그리고 각종 이단들이 왜곡하고 있는 내용들 또는 교회가 믿고 지켜 온 가르침을 부인하며 잘못된 교리로 이끄는 신학을 만나기도 할 것입니다. 이단 사설의 미혹과 세상 철학의 비웃음 속에서 우리 신앙의 기본 확신을 확립하는 일이 절실합니다. 이 책은 교회에서 뚜렷하게 답을 듣지 못한 채 지나가 버리는 경우가 종종 있는 현실을 감안하고 있습니다. 이러한 일로 인해 신앙의 중심이 흔들리지 않도록 성경의 올바른 해석에 의한 답을 신앙의 표준 문서의 가르침에 일치되는 범위 안에서 제시합니다. 개인은 물론 소그룹으로 모여 주제별로 생각을 나누고 정리하는 방식으로 책을 사용해도 유익을 얻는 방법이 될 것이라 기대합니다.

주여, 당신의 양무리를 당신의 진리로 인도하소서.
Domine, gregem Tuum ad veritatem Tuam duc.

2024년 8월

김병훈

1부

예수님과 십자가 구속에 대하여

예수님의 십자가의 고통은
그리스도 안에 있는 모든 자에게
구원의 확신과 위로의 기쁨을 주는
기초이며 근거가 됩니다.

1.   예수님도 아담의 부패한 성품을 가지고 계시나요?

예수님은 완전한 의미에서 참 인간으로 오신 성자 하나님이십니다. 사람이 되심에 있어서 육체로는 아담의 후손이며(눅 3:38), 그 본성에 있어서는 종의 형체를 지니셨고(빌 2:7), 아브라함의 씨라 일컬음을 받으시며(행 3:25; 창 12:3, 22:18), '육신으로는 다윗의 혈통에서 나신' 분입니다(롬 1:3). 예수님은 처녀의 몸에서 난 자로서(눅 1:31, 42; 갈 4:4) 우리와 같이 혈과 육을 취하셨으며, 우리의 형제들과 같이 되셨습니다(히 2:14, 16-17). 물론 여기서 '혈과 육'이란 단지 물질적인 몸만을 가리키는 것이 아니라, 영혼을 포함하는 참된 인성을 의미합니다(눅 23:46, 24:39).

그렇지만 예수님은 또한 그리스도로서 아담과 대조됩니다. 첫 사람 아담은 '흙에 속한 자'이지만, 예수님은 그리스도로서 '하늘에 속한 자'이십니다(고전 15:47; 요 3:31, 8:23). 예수님이 '하늘에서 나신' 주님이라는 것을 인성에 있어 첫 사람 아담과 다르다는 의미로 오해해서는 안 됩니다. 이 말씀이 뜻하는 바는, 아담과 같은 인성을 취하여 오신 그리스도가 '말씀'이신 성자 하나님이며, '의'와 '거룩'과 '생명'의 주인이라는 것입니다(요 1:14, 3:16; 빌 2:6; 딤전 3:16).

성자 하나님이신 '말씀'이 육신이 되는 신비로운 '성육신'의 사건은 성령님의 초자연적인 역사로 이루어졌습니다. 예수님이 '동정녀' 마리아에게서 나신 것은, 한편으로는 그분이 우리와 완전히 동일한 참 인간으로 오셨으며, 다른 한편으로는 그분의 탄생이 사람에 의한 것이 아니라 성령님에 의한 것임을 말해 줍니다. 즉 성령님께서는 마리아의 몸에서 인성의 실체(substance)를 취하여 이를 거룩하게 하시고, 사람의 방편이 아닌 당신의 능력으로 성자 하나님께서 죄로 오염이 되지 않은 정결한 인성에 따라 마리아의 태에서 잉태되도록 하셨습니다(마 1:18-20; 눅 1:34-35; 사 7:14). 그리하여 참 인간이심에도 불구하고 아담의 죄책은 예수님께로 전가되지 않은 것입니다. 그리고 그분의 생애 전체에 걸쳐서 거룩하게 하는 성령님의 충만함이 예수님과 함께하셨습니다(요 3:34; 히

9:14). 십자가에서 죽으신 예수님께 드리워진 죄의 짐은 우리를 구원하기 위해 예수님이 오직 당신의 자발적인 의지에 따라 짊어지신 우리의 죄책일 뿐입니다.

더 깊은 질문
예수님은 우리와 동일한 몸과 영혼으로 이루어진 참 인성을 가졌으나 우리와 달리 부패한 성품은 없으십니다. 그렇다면 우리도 예수님처럼 될 수 있을까요? 어떤 일이 있어야 가능할까요?

2.　　　　예수님은 어떤 시험을 받으셨나요?

죄의 소욕이 없는 예수님도 우리와 같이 시험을 받으셨을까요? 성경의 증거에 따르면, 예수님은 우리와 같이 시험을 받으셨습니다(마 4:1-11; 눅 22:28; 요 12:27). 그러나 우리와 달리 죄는 없으십니다(빌 2:8; 히 4:15, 5:7-9). 예수님의 무죄성은 그분의 거룩한 출생과 더불어 그분이 어떠한 범죄도 스스로 실행하지 않으셨다는 점에서 증거가 됩니다. 그러한 예수님이 시험을 받으셨다면 그분이 받은 시험이 어떠한 것인가를 이해하는 일은 쉽지 않습니다. 흔히 '죄를 범할 가능성'이 없는 경우에는 '시험을 받을 가능성'도 없는 것으로 생각합니다. 타락한 이후에 인간에게 있어서의 '죄를 범할 가능성'이란 그의 '부패한 본성'에서 비롯되는 것인 데 반해 예수님은 '부패한 본성'

에 의해 오염되지 않으셨기에 '죄를 범할 가능성'이 없으며, 또한 '시험을 받을 가능성'도 없는 것으로 판단합니다.

히브리서 4장 15절(개역한글)에 따르면, 예수님의 시험은 참 인간이신 예수님이 '우리 연약함을 체휼'(동정(개역개정))하셨다는 사실에서 비롯됩니다. 여기서 '연약함의 체휼'이란 육체의 평안과 존속을 위해 필요한 것들이 결핍됨으로써 겪게 되는 외적인 불편과 고통(예를 들면, 추위, 더위, 굶주림, 피곤함 등) 그리고 영혼의 감정과 느낌과 판단의 내적인 불안과 고통(예를 들면, 상실, 좌절, 두려움, 슬픔, 박탈 등)이 위협적으로 다가와 겪게 되는 압박의 경험들을 말합니다. 즉, 참 인간인 예수님은 이러한 연약성을 우리와 다름없이 진실로 그리고 구체적으로 경험하신 것입니다.

시험은 이러한 인간의 연약성을 위협하여 하나님께 불순종하도록 하는 자극과 관련하여 나타납니다. 예수님은 인간의 연약성을 몸소 체휼하셨다는 의미에서 시험의 상황에 놓여 계셨습니다. 그러나 이러한 연약성으로 인한 압박에도 불구하고 그분은 하나님의 뜻에 죽기까지 순종하셨으며, 또한 죽음에 이르는 생애의 모든 일에 있어서 매 순간 율법에 어긋남이 없이 하나님의 뜻을 온전히 이루셨습니다(마 4:1-11, 26:36-46; 막 15:33-37; 눅 23:26-43; 요 19:30 참조). 그 결과 하나님의 주권과 통치 앞에 순종해

야 할 피조물로서의 인간이 마땅히 행해야 할 바와 관련
하여 첫째 아담은 실패했으나, 예수님은 완전한 의를 이
루신 것입니다. 즉 예수님은 참 인성에 따라 연약성을 체
휼하셨으며, 그로 인하여 하나님의 뜻에 불순종하도록
하는 자극을 받으셨다는 의미에서 시험을 받으셨으나,
모든 과정에서 그 시험을 이기셨기에 죄가 없으십니다.

**더 깊은
질문**

어떤 욕망의 자극이나 위협을 받았을 때 죄의 유혹을 전혀 느끼
지 않았다면 그때 경험한 일을 가리켜 시험이 아니라고 해야 할
까요, 아니면 시험을 이겨 냈으므로 죄의 유혹을 받지 않은 것
이라고 해야 할까요?

3.　　　　　예수님도 모르는 게 있으신가요?

예수님은 그분의 신성에 따라서는 모르는 것이 없으시
지만, 그분의 인성에 따라서는 지식의 제한을 갖고 계
시다는 것으로 요약이 됩니다. 참 하나님으로서 그리스
도의 신성을 인정하는 자라면 예수님이 모든 것을 아신
다는 점에 대해서 이의를 제기하지 않을 것입니다. 다만
지상에 계시는 동안 예수님이 전지성을 가지고 계셨는
가의 문제와 관련해서 말하면, 예수님의 지식은 그분이
인성을 취하신 만큼 어느 정도의 제한을 받으셨을 것으
로 생각됩니다.

　물론 성경은 예수님이 사람으로서는 기이히 여기지 않
을 수 없는 비상한 지식과 통찰력을 가지고 계심을 말씀
하고 있습니다. 몇 가지 예를 들면, 예수님이 열두 살의

나이에 성전을 방문했을 때 예수님의 말씀을 "듣는 자가 다 그 지혜와 대답을 놀랍게"(눅 2:47) 여겼습니다. 또 나다나엘을 만나기 전에는 이미 그가 어떠한 자인지를 알고 계셨고(요 1:47), 우물가에서 만난 사마리아 여인의 남편이 다섯 명이라는 사실도 알고 계셨으며(요 4:18), 바다에서 낚은 첫 번째 물고기의 입에 성전 세를 낼 만한 돈이 있음도 미리 알고 계셨습니다(마 17:27). 그러나 이러한 사례들이 예수님이 지상에서 그분의 인성에 따라 육체 가운데 계실 동안에도 전지하셨음을 말해 주는 근거가 되지는 못합니다. 구약의 많은 선지자도 예언이나 선지적 지식을 가지고 있었기 때문입니다. 예수님의 이러한 탁월한 초자연적 지식들은 예수님이 성령님의 충만함을 입으신 까닭에서 비롯된 것입니다. 이사야 선지자가 예언한 대로, 예수님에게는 "여호와의 영 곧 지혜와 총명의 영이요 모략과 재능의 영이요 지식과 여호와를 경외하는 영이 강림"(사 11:2)하셨으며, 그분에게는 "은혜와 진리가 충만"(요 1:14)하기 때문입니다.

인성에 따른 예수님은 다른 모든 사람보다 탁월한 초자연적 지식을 가지고 계셨지만, 그분의 지식은 추론과 경험을 통해서 증가되는 유한한 것입니다. 그렇기에 예수님은 "지혜와 키가 자라 가"(눅 2:52)셨으며, 심판의 날과 때를 모르기도(막 13:32) 하셨습니다. 물론 그리스도께서는 신성에 따라서는 "알파와 오메가"요, "이제도 있고 전에도 있었고 장차 올 자요 전능한 자"(계 1:8)이며 만물을 지은 분(요 1:3)이므로 모르는 것이 없으십니다. 그러나 인성에 따라서는 다만 죄가 없으실 뿐(히 4:15), 범사에 있어서 우리와 같이 되셨기 때문에(히 2:17) 그 지식에 있어서는 제한이 있으십니다. 그러나 이러한 한계성은 예수님의 지식에 오류가 있음을 뜻하는 것이 아닙니다. 인성의 제한성 안에서도 예수님은 성령님의 충만함으로 인하여 메시아로서 필요한 모든 지식, 곧 유한하지만 오류가 없는 충분한 지식을 가지고 계셨습니다.

더 깊은 질문 무엇인가를 모르는 무지는 필연적으로 오류를 만들어 내기 마련인데, 만일 꼭 그렇지 않다면 지식은 제한되면서도 오류가 없는 경우의 예를 들어 보십시오.

4.   예수님도 십자가의 죽음을
       두려워하셨나요?

복음서에서 읽는 겟세마네 동산에서의 예수님의 기도는
십자가 고난을 앞두고 예수님이 이것을 얼마나 두려워했
으며, 이로 인해 얼마나 커다란 공포에 사로잡혀 계셨는
지를 보여 줍니다. 예수님은 "내 마음이 매우 고민하여
죽게"(마 26:38; 막 14:34) 되었다고 말씀하셨으며, 또 성경
은 "예수께서 힘쓰고 애써 더욱 간절히 기도하시니 땀이
땅에 떨어지는 핏방울같이 되더라"(눅 22:44)라고 기록했
습니다. 이러한 표현은 십자가에서 받으실 고통으로 인
해 예수님의 영혼이 실로 엄청난 두려움에 눌려 있었음
을 잘 드러내 줍니다. 그러나 다른 성경에 이르기를, 예
수님은 "말씀이 육신이 되어 우리 가운데 거하"시는 분
이며, "아버지의 독생자의 영광"을 나타내신 분이며, "은

혜와 진리가 충만"한 분이었습니다(요 1:14). 그분은 성령의 능력에 의하여 성령의 충만함을 누리며 마리아의 몸에서 무죄한 가운데 출생하셨고, 광야에서 40일을 밤낮으로 금식한 후에 겪은 마귀의 시험도 넉넉히 이기셨습니다(마 1:18, 20; 눅 1:35; 마 4:1-11). 예수님이 베드로와 야고보와 그 형제 요한을 데리고 높은 산에 올라 이들 앞에서 변형되셨을 때, 구름 속에서 소리가 나서 예수님에 대하여 이르기를 "이는 내 사랑하는 아들이요 내 기뻐하는 자"(마 3:17)라고 하셨습니다.

이처럼 성령의 충만함을 지극히 누리셨으며, "모든 일에 우리와 똑같이 시험을 받으신 이로되 죄는 없으"신 예수님이라면(히 4:15), 십자가의 죽음의 고통이 아무리 크더라도 이것을 담대히 그리고 덤덤히 받으셔야 하지 않았을까 하는 의문이 들 수도 있습니다. "마음으로는 하나님의 법을 육신으로는 죄의 법을 섬기노라"(롬 7:25) 말하며 자신의 비참함과 곤고함을 탄식했던 사도 바울조차도 '옥에 갇히며, 매도 수없이 맞으며, 여러 번 죽을 뻔하였으며, 사십에 하나 감한 매를 다섯 번이나 맞았으나' 고백하기를 "배고픔과 풍부와 궁핍에도 처할 줄 아는 일체의 비결을 배웠노라"(빌 4:12)라고 했으며, 우리를 향하여 "주 안에서 항상 기뻐하라 내가 다시 말하노니 기뻐하라"(빌 4:4)라고 권면했기 때문입니다.

이러한 의문에 대해 답을 할 때 먼저 생각할 것은, 예수님의 두려움은 실재적이었다는 사실입니다. 그렇기 때문에 예수님은 "내 아버지여 만일 할 만하시거든 이 잔을 내게서 지나가게 하옵소서"(마 26:39)라는 내용을 담아 "심한 통곡과 눈물로 간구와 소원을"(히 5:7) 올리셨습니다. "예수님처럼 죽음을 두려워한 사람은 없었다"고 한 루터(Martin Luther)의 표현이나 "예수님의 두려움은 그가 참사람이기에 경험되는 것이었다"는 칼빈(John Calvin)의 설명은 정확한 것이었습니다. 이것은 예수님이 '죄가 없는 것'을 제외한 모든 점에서 우리와 같은 참사람이심을 말해 줍니다. 예수님은 육체의 고통과 영혼의 슬픔과 불안이라는 인간의 모든 연약성을 우리와 다름없이 경험하는 참 인간이셨습니다. 그러므로 예수님은 성령의 충만함 가운데 영적 평온을 누리면서도 때로는 분노하셨고(막 3:5, 10:14), 때로는 심령에 비통히 여기고 불쌍히 여기셨으며(요 11:33), 때로는 성령으로 기뻐하기도 하셨습니다(눅 10:21). 그렇지만 예수님은 죄가 없기 때문에 이러한 고통을 피하기 위해 하나님 아버지의 뜻을 거부하거나 불순종하는 의지를 가지신 것은 결코 아닙니다. 주님의 기도는 하나님 아버지의 뜻에 순종하기 위하여 십자가의 고통을 감내할 능력의 도우심을 간절히 구하는 것이었습니다. 그러므로 성경이 예수님에 대해 "자기를 낮추시고 죽기까지 복종"하셨다고, 곧 "십자가에 죽으"셨다고 기록하고 있는 것입니다(빌 2:8).

더 깊은 질문 예수님이 십자가의 고통을 두려워하셨다는 사실이 구주이며 중보자이신 예수님에 대한 당신의 생각에 어떤 영향을 주나요?

5.　　　　예수님이 받으신 십자가의 고통은
어떠한 것이었나요?

예수님이 받으신 십자가의 고통은 그분의 백성이 치러야할 죄의 값을 대신 치르기 위한 대속의 고통이었습니다. 이러한 성격 때문에 예수님의 십자가의 고통은 그리스도 안에 있는 모든 자에게 구원의 확신과 위로의 기쁨을 주는 기초이며 근거가 됩니다. 위의 질문은 예수님이 다만 육체적인 고통만을 받으셨는가, 아니면 영혼의 고통을 또한 받으셨는가에 대한 것입니다.

　어떤 이들은 예수님이 인성을 취하고 이 땅에서 비하(卑下)의 삶을 사시는 동안, 특별히 십자가의 고통의 순간에도 성령이 충만하셨기 때문에 하나님 아버지와 지극한 평강과 행복의 교통을 하셨을 거라고 생각합니다. 이들의 생각에 따르면, 예수님은 십자가 위에서 단지 육체의 고통만을 받으셨을 뿐입니다. '예수님이 참사람이라면 육과 영혼을 함께 가지고 계시는데 영혼의 고통은 받지 않으셨다는 것이 옳은 것인가?'라고 물으면 이들은 한 발짝 물러나 답하기를, 육체와 영혼이 연합되어 있기에 영혼이 육체의 고통을 느끼는 것은 사실이지만 영혼이 직접 고통을 받는 대상은 아니라고 말합니다. 즉 죄를 향한 하나님의 진노의 형벌이 예수님의 영혼이 아니라 그분의 몸을 향하여 쏟아진 것이라고 주장합니다.

그러나 이러한 주장과는 달리 성경의 기록과 신학적 판단은 예수님의 고통이 육적일 뿐만 아니라 영적이기도 한 것임을 교훈합니다. 잡히기 전날 밤 겟세마네 동산에서 예수님이 제자들에게 하신 "내 마음이 매우 고민하여 죽게 되었으니"(마 26:38)라는 말씀이나, 종려주일에 예루살렘에 입성한 후에 헬라인 몇이 찾아왔다는 소식을 듣고 이르신 말씀 가운데 "내 마음이 괴로우니"(요 12:27)라는 표현은 예수님의 영혼 가운데 고통이 있음을 반영합니다. 이 고통이 얼마나 끔찍한 것이었는가는 예수님이 '죽게 될' 지경에 이를 정도로 마음이 심히 고통을 받고 있다고 하신 표현과 또 기도하실 때 땀이 땅에 떨어지는 "핏방울같이 되더라"(눅 22:44)라는 기록에서 잘 알 수 있습니다.

여기서 초점은, 예수님이 이토록 두려워하신 것이 단지 육체의 고통 때문인가라는 질문입니다. 만일 그렇다면 예수님은 십자가의 고통에 방불(彷彿)한 육체의 고난을 의연하게 받은 숱한 순교자들보다도 육체의 고통을 더욱더 두려워하신 분이라는 결론을 피할 수가 없습니다. 그렇지만 예수님이 감당하셔야 하는 고통은 순교자들의 고통과는 다른 것이었습니다. 그것은 육체의 고통을 넘어서는 영적이며 내적인 고통이었습니다. 그것은 예수님이 인성을 취하신 가운데서 그분의 영혼이 하나님 아버지와 누렸던 지극한 기쁨과 행복의 교통을 일시적으로 상실할 뿐만 아니라, 그분이 누리던 하나님 아버지의 사랑 대신에 그 아버지의 가공할 진노를 받아야 하는 상황으로 인하여 영혼이 당하는 고통이었습니다. "나의 하나님, 나의 하나님, 어찌하여 나를 버리셨나이까"(마 27:46)라는 신음은 예수님이 이제 하나님의 기뻐하심을 입은 자로서가 아니라 오직 죄인일 뿐이며, 하나님과의 극락의 교통이 아니라 오직 진노의 대상으로만 하나님 앞에 서 계심으로 인한 것이었습니다. 물론 예수님은 그분의 신성에 따라 항상 아버지와 함께 계신 영원한 삼위일체 하나님이었기 때문에(요 16:32), 그분의 영혼의 고통은 사탄과 그에 속한 악인들이 받는 영원하며 절대적인 의미에서의 분리나 단절(계 21:8)로 인한 것은 아닙니다. 그러나 예수님의 고통은 일시적이며 상대적인 의미에서 당신의 백성을 향한 죄의 형벌로 인해 하나님과의 사귐이 끊어지고 그분의 진노의 저주를 받아야 하는 (갈 3:13), 실로 두렵고 무서운 영혼의 고통이었습니다.

더 깊은
질문

사람들이 죽음의 고통을 두려워하는 일반적인 이유와 비교할 때 예수님의 두려움은 근본적으로 어떤 차이를 가지고 있나요?

6.　　　　　　　예수님은 십자가 죽음 이후
　　　　　　　　　지옥에 내려가셨나요?

한국 교회에서 사용하고 있는 사도신경의 번역에는 나타나 있지 않지만, 영문으로 번역된 일부 사도신경에서는 발견이 되므로 종종 이러한 질문을 받게 됩니다. 이러한 번역의 차이는 사도신경의 사본 가운데 어떤 것에는 예수님이 지옥으로 내려가신 것(지옥 강하, descent into hell)에 대한 언급이 있는 반면에 다른 것에는 나타나 있지 않은 데서 비롯합니다.

　천주교파와 루터교파는 예수님이 십자가에서 죽으신 직후에 그분의 영혼이 몸과 분리되어 부활 때까지 지옥에 실제로 내려가셨다고 믿습니다. 그 이유에 대해서 천주교파는 주님이 오실 때까지 소위 '림보'(limbus)라는 곳에 갇혀 있는 구약의 성도들을 해방하기 위함이라고 주장합니다. 반면에 루터교파는 악인들이 갇혀 있는 음부(陰府)에 내려가 그들에게 당신의 승리를 보이기 위함이라고 풀이합니다. 그러나 림보설은 성경에 있지도 않은 잘못된 가르침이며, 베드로가 말한 "죽은 자들에게도 복음이 전파"(벧전 4:6)되었다는 것은, 복음을 받을 때는 살아 있었으나 지금은 죽은 자들을 가리키는 말씀일 뿐입니다. 또 지옥은 형벌과 치욕의 장소이므로 주님이 십자가의 고난을 마친 후에 누리시는 영광의 상태로는 적절하지 않고, 그분의 승리를 선언하기 위해 장소적으로 지옥에 내려가실 이유가 없으며, 성경적 근거도 확인되지 않습니다.

한편 개혁파는, 예수님이 십자가의 한 강도에게 "내가 진실로 네게 이르노니 오늘 네가 나와 함께 낙원에 있으리라"(눅 23:43)라고 하신 말씀에서 보듯이, 십자가에서 죽으신 이후에 그분의 영혼이 바로 낙원에 가셨음을 믿습니다. 아울러 예수님이 "아버지 내 영혼을 아버지 손에 부탁하나이다"(눅 23:46)라고 하신 말씀도 개혁파의 믿음이 옳음을 증거합니다. 주님이 당신의 영혼을 부탁하신 '아버지의 손'은 영광과 은혜로 충만한 하나님 아버지의 긍휼의 손을 의미하며, 구원받은 성도들이 복을 누리는 상태를 가리키는 말로 이해되기 때문입니다. 그런 의미에서 다윗(시 31:5)과 스데반(행 7:59)은 자신의 영혼을 주의 손에 의탁한 것이며, 베드로는 그의 서신에서 "영혼을 미쁘신 창조주께 의탁할지어다"(벧전 4:19)라고 말했던 것입니다. 흔히 오해하고 있는 "그가 또한 영으로 가서 옥에 있는 영들에게 선포하시니라"(벧전 3:19)라는 말씀은 예수님이 지옥에 내려가셨음을 뜻하는 것이 아닙니다. 이 구절은 이미 옥에 있는 영들에게 말씀이 전파되었음을 말하는 것이 아니라, 노아가 방주를 예비할 동안 그리스도께서 그때 살던 자들에게 영으로 복음을 전하셨으나 이들이 그때 불순종했으며, 지금은 옥에 있음을 말하고 있는 것입니다.

따라서 사도신경의 '지옥 강하'의 고백은, 예수님이 육신으로는 장사지낸 후 3일 동안 무덤에 갇혀 계셨음을 말한 이후에 그분의 영혼이 겪은 십자가의 고난이 실로 두렵고도 무서운 고통이었음을 덧붙여 말하고 있는 것으로 이해하는 것이 옳습니다.

더 깊은 질문 한국 교회에서 사용하는 사도신경에 "십자가에 못 박혀 죽으시고"에 이어서 "음부에 내려가사"라는 표현이 없는 것을 지적하면서 한국 교회가 교인들을 우맹화한다고 비판하거나, 사도신경을 바르게 가르치지 않는다고 불만을 표하는 이들이 있습니다. 이러한 견해가 잘못된 것임을 반박할 수 있나요?

7.

예수님의 부활은
누구의 능력에 의한 것인가요?

"예수님은 하나님이니 스스로 부활하실 수 있지 않았을까? 그렇다면 성경의 몇몇 구절은 왜 예수님이 하나님의 능력에 의하여 무덤에서 일으키심을 받았다고 말씀하고 있는 것일까? 혹시 이러한 말씀들은 예수님이 완전한 참 하나님이 아니었음을 말하는 것이 아닐까?"

이러한 의문들에 대한 답은 예수님의 정체성과 관련하여 중요한 의미를 갖습니다. 예수님은 인성을 취하여 이 땅에 오신 성자 하나님이십니다. 신성과 인성을 모두 가지고 계신 예수님은 인성에 따라 십자가에서 죽음의 고난을 받으셨습니다. 그리고 성경은 인성에 따라 죽은 예수님이 하나님의 능력으로 부활하셨음을 증거합니다.

사도 베드로는 오순절 성령 강림에 즈음한 그의 설교에서 이르기를 "너희가 법 없는 자들의 손을 빌려 못 박아 죽였으나 하나님께서 그를 사망의 고통에서 풀어 살리셨으니 이는 그가 사망에 매여 있을 수 없었음이라"(행 2:23-24)라고 했습니다. 사도 바울도 비시디아 안디옥에서 행한 설교에서 "성경에 그를 가리켜 기록한 말씀을 다 응하게 한 것이라 후에 나무에서 내려다가 무덤에 두었으나 하나님이 죽은 자 가운데서 그를 살리신지라"(행 13:29-30)라고 했습니다(롬 6:4; 엡 1:19-20 참조).

그러나 성경의 다른 구절들은 예수님의 부활이 당신의 능력에 의하여 능동적으로 행해진 것임을 증거합니다. 예를 들어, "너희가 이 성전을 헐라 내가 사흘 동안에 일으키리라"(요 2:19)라고 말씀하실 때 예수님은 "성전된 자기 육체"(요 2:21)를 스스로 일으킬 것을 뜻하셨습니다. 목숨을 스스로 버릴 권세를 가지고 계실 뿐만 아니라 다시 얻을 권세도 가지고 계심(요 10:18)을 말씀하신 예수님은 당신을 "부활이요 생명"이라 일컬으며 "나를 믿는 자는 죽어도 살겠고"라고 약속하셨습니다(요 11:25).

성경이 예수님의 부활에 대하여 한편으로는 하나님의 능력으로, 다른 한편으로는 그분 스스로의 능력으로 말미암은 것이라고 말씀하는 까닭은, 예수님이 한낱 인간에 불과한 분이 아니라 삼위일체 하나님의 세 위격 가운데 한 위격인 성자 하나님이시기 때문입니다. 삼위일체 하나님께서 피조물을 향하여 행하시는 사역들은 세 위격 하나님 모두의 공동 사역이기 때문에, 다시 말하면 어느 한 위격도 어떤 사역에 대하여 모르거나 소외됨이 없으시기 때문에 하나님 아버지께서 하시는 일은 곧 성자 또는 성령 하나님께서 하시는 일이기도 합니다. 따라서 예수님은 "아버지께서 행하시는 그것을 아들도 그와 같이 행하느니라"(요 5:19)라고 말씀하셨으며, "아버지께서 죽은 자들을 일으켜 살리심같이 아들도 자기가 원하는 자들을 살리느니라"(요 5:21)라고 말씀하셨습니다. 결국 인성에 따라 죽음을 경험하신 예수님을 부활시키는 능력은 곧 삼위일체 하나님의 능력이며, 또한 신성에 따른 성자 하나님의 능력이기도 합니다. 그렇기에 예수님은 하나님의 능력으로 부활하셨을 뿐만 아니라 신성에 따라 스스로의 능력으로 부활하신 것입니다.

더 깊은 질문 | 부활은 신성의 능력으로 이루어지는 것입니다. 예수님의 부활에 대해 하나님의 능력으로 말미암은 것일 뿐, 예수님 당신의 능력으로 말미암은 것은 아니라고 주장할 경우 예수님에 대한 이해에 있어 어떤 문제가 생길까요?

8. 예수님이 '하늘로 올려지셨다'는 것은 무슨 의미인가요?

사도행전 1장에서 읽는 바와 같이, 부활하신 예수님은 40일 동안 제자들에게 나타나 하나님 나라의 일을 가르치셨습니다(3절). 그리고 제자들이 보는 앞에서 하늘로 승천하셨습니다(행 1:9-11; 막 16:19; 눅 24:51). 개혁파에 따르면, 이 말씀들은 그리스도의 승천이 눈으로 볼 수 있는 방식으로, 실제로 그리고 참으로 이루어진 것임을 의미합니다. 다시 말하면, 인성을 취하여 우리에게 나타나신 성자 하나님, 곧 예수님은 그분의 부활의 인성에 따라 제자들에게 당신을 보이시고, 이제 그 부활의 육체의 모습을 가지고 가시적으로, 실제로 그리고 참으로 하늘에로 장소적인 이동을 하신 것입니다.

이러한 이해에 따라서 개혁파는 승천하신 이후의 예수

님은 인성에 따라서는 더 이상 지상에 머물러 계시지 않으며, 심판 날까지 하늘로 장소를 옮겨 계시는 것으로 고백합니다. 이와는 달리 루터파는 예수님이 다만 보이는 육체의 모습만을 지상에서 철회하셨을 뿐, 여전히 보이지 않는 방식으로 인성에 따라 지상에 임재하고 계신다고 주장합니다. 하지만 개혁파는 승천하신 그리스도께서 세상 끝 날까지 제자들과 함께하겠다고 하신 약속의 말씀(마 28:20)이 루터파가 주장하는 것처럼 인성이 보이지 않는 방식으로 임할 것임을 뜻하는 것이 아니라, 그리스도의 신성에 따라서 은혜와 그리스도의 영, 곧 성령으로 제자들과 함께하실 것임을 의미하는 것이라고 믿습니다. 눈에 보이는 육체로서 하늘에 오르신 사실에서도 알 수 있듯이, 예수님의 인성은 부활한 이후에도 가시적인 육체를 지니고 계셨으므로, 개혁파는 그리스도의 인성이 눈에 보이지 않게 이 땅 어디에나 편재하여 임한다는 루터파의 주장을 그릇된 것으로 판단합니다. 요한복음 16장 28절에서 보듯이, 예수님은 "아버지에게서 나와 세상에 왔고 다시 세상을 떠나 아버지께로 가"셨기 때문입니다.

예수님이 인성에 따라 보이는 육체를 가지고 오르신 하늘은 우리가 눈을 들어 바라보는 물리적인 하늘이 아니라(히 4:14 참조) 모든 하늘보다 높은 곳으로(엡 4:10), 사도 바울이 셋째 하늘(삼층천, 고후 12:2)이라고 불렀던 하늘, 곧 낙원(고후 12:4; 눅 23:43)이며 천상의 예루살렘(갈 4:26)으로 일컬어지는 곳입니다. 예수님은 이곳을 가리켜 "내 아버지 집"(요 14:2), 또는 '너희를 위하여 예비하러 가는 거처'(요 14:2-3)라고 말씀하셨습니다. 따라서 예수님이 오르신 하늘은 루터파 가운데 어떤 이들이 주장하는 바처럼 하나님의 영광을 취하신 기쁨을 표현하는 상징적 또는 비유적인 표현이 아닙니다. 그곳은 예수님이 부활하신 인성에 따라서 실재적으로, 장소적으로 그리고 가시적으로 옮겨 가신 어떤 장소이며, 아브라함, 바울, 스데반 등 믿음의 성도들이 그리스도와 함께 그분 안에서 지극한 복락을 누리고 있는 낙원을 의미합니다. 예수 그리스도 안에 있는 모든 성도가 이르게 되어 주님의 재림을 기다리게 될 천상의 교회입니다.

더 깊은 질문 만일 예수님이 신성에 따라서 하늘에 오르셨다고 주장한다면, 이러한 주장에는 어떤 문제가 생길까요? 반대로 예수님이 하늘에 오르신 일이 인성에 따른 것이라면, 가시적인 육체를 지니지 않은 채 하늘에 오르셨다고 말할 경우 어떤 문제가 생길까요?

9.　예수님이 '하나님 우편에 계시다'는 것은 무슨 의미인가요?

그리스도의 교회는 하늘로 승천하신 그리스도께서 '하나님의 우편에 앉아 계심'을 고백합니다. 하나님은 육체를 가지고 계신 분이 아닙니다. 그분은 공간을 초월해 계시고, 모든 공간에 충만할 뿐 아니라 편재하시므로 '하나님의 우편'을 해석함에 있어 그것을 문자적인 의미에서 어느 공간의 우편을 가리키는 것으로 이해해서는 안 됩니다. '하나님의 우편'이란 '하나님의 오른손'(행 5:31; 시 118:16; 출 15:6)이라는 표현과 마찬가지로 하나님의 권능과 전능하심을 뜻하기 때문입니다. 따라서 그리스도께서 '하나님의 우편에 앉아 계신다'는 고백은 그리스도께서 존귀와 영광과 권능에 있어서 보좌에 앉으신 하나님과 동등하심을 의미하며, 또한 죄인을 구원하는 중보자로서 그리스도의 왕권과 제사장의 권세가 지극히 높임을 받으셨음을 의미합니다(계 5:1-14).

다시 말해서, '하나님의 우편에 앉으심'의 표현을 통해 고백되는 그리스도의 영광스러움은 이러합니다. 첫째, 그분은 인성에 따라 우리 가운데 육체로 거하셨으나, 그분은 본래 하나님의 영광의 광채이며 본체의 형상이요, 신성의 모든 충만이 그분 안에 육체로 거하심이 완전하게 드러났음을 말합니다(빌 2:6; 골 2:9; 히 1:3).

둘째, 성자 하나님으로서 인성을 취하여 종의 형체로 사람들과 같이 되어 낮아지셨던 그리스도께서 이제는 그 인성에 따라서도 하나님께로부터 모든 피조물 위에 지극히 높임을 받는 만물의 주인이며 교회의 구주로서 통치의 권세를 가진 분이심을 나타냅니다(빌 2:9; 마 28:18-20; 요 1:16; 요 3:34).

이러한 고백에 따라서 셋째, 우리 가운데 거하고 하늘에 오르신 그리스도께서는 실로 지극히 존귀한 분으로서 우리의 예배를 받기에 합당한 분이심을 고백합니다(시 97:7; 히 1:6; 빌 2:10-11). 따라서 성령 하나님도 그리스도와 마찬가지로 존귀와 위엄과 능력이 성부 하나님과 동등하시지만, '하나님의 우편에 앉으심'의 표현은 인성에 따라 낮아졌다가 다시 승귀(昇貴, ascension)의 영광을 누리

시는 주 예수 그리스도만을 향하여 드리는 '기독론'에
속한 고백입니다.

더 깊은
질문 어떤 이들은 예수님이 본래 사람이었으나 하나님께로부터 존
귀함을 입어 사람과는 다른 차원의 높임을 받으셨다고 주장합
니다. 이러한 주장의 오류는 무엇인가요?

10. 예수님은 지금 무엇을 하시나요?

승천하여 영광 가운데 계신 예수님은 이제 피조물 위에 지극히 높임을 받으며 만물의 주인이요, 교회의 구주로서 왕적 통치를 행사하고 계십니다. 예수님은 하늘과 땅의 모든 권세를 가지신 만유의 구주로서(마 28:18) 교회의 대적을 굴복시키며(시 2:9; 계 12:5), 당신에게 속한 모든 하나님 나라의 백성을 그들에게서 보호하십니다(요 10:28). 이것을 위하여 하늘 보좌 위에 계신 그리스도께서는 당신의 영인 성령님을 보내어 진리로 인도하는 사역을 계속하십니다. 그리고 성령님께서는 그리스도의 교회가 그리스도의 진리로 충만하게 되도록 성경을 영감하시고, 사도와 선지자의 설교와 교훈들을 통해 진리를 전하시고, 신자의 심령 가운데 진리에 대한 영적 각성을 창조하십니다(요 14:26, 16:7-15; 딤후 3:16). 결국 영광 가운데 계신 그리스도께서는 성령님을 통하여 교회를 통치하시고, 그분이 세우신 교회의 직분자들의 여러 가지 섬김을 통해 지금도 왕권을 행사하고 계십니다(엡 1:20-23, 4:8, 10-12; 고전 12:4-11).

뿐만 아니라 예수 그리스도께서는 당신의 백성이 지은 죄에 대한 용서와 의로움 그리고 거룩함을 위하여 끊임없이 중보하시며, 이로써 이들로 하여금 하나님과 평강의 교통을 누리도록 하십니다. 마귀가 결코 그리스도에게 속한 하나님의 자녀들을 정죄하지 못하는 것은, 그리스도께서 이들을 위하여 죽으셨을 뿐만 아니라 다시 살아나셨으며, 또한 하늘에 오르시어 하나님 우편에서 간구하시기 때문입니다(롬 8:34). 그리스도인이 죄를 범할지라도 그것으로 인하여 하나님의 정죄의 심판에 이르지 않도록, 당신의 백성을 위한 대제사장인 그리스도께서 이들을 위하여 대언하십니다(요일 2:1; 히 4:14-16, 6:19-20, 7:24-25, 8:1-2, 9:24, 10:19-22). 그런 의미에서 그리스도의 대제사장의 사역은 아직 다 끝난 것이 아닙니다. 주님이 십자가 위에서 "다 이루었다"(요 19:30)고 외치셨을 때 그것의 의미는 당신이 마실 고난의 잔(막 10:38-39), 곧 속죄의 고난을 다 이루셨음을 뜻하는 것일 뿐이며, 지금도 하늘에 계신 주님은 당신의 백성을 위한 대언적 중보 사역을 계속하고 계시기 때문입니다. 그리스도께서는 이러한 대언적 중보 사역을 단순한 탄원으로 행하지 않고, 당신의 고난과 의의 사역 그리고 그분이 아버지 하나님과 누리는 연합과 교통의 완전함에 근거한 적법한 권리에 의하여 실행하십니다(요 17:21, 23). 이러한 까닭에 그리스도 예수 안에 있는 자에게는 결코 정죄함이 없는 것입니다(롬 8:1, 34).

더 깊은 질문　구약은 성부 하나님의 시대이고, 예수님이 오셔서 사역을 다 이루고 부활, 승천하신 이후 지금은 성령 하나님의 시대라고 임의로 구별하면서 예수님의 중보를 의지하지만 대언의 영인 성령 하나님의 도우심의 능력을 구해야 한다고 주장합니다. 예수님이 하늘에 올라 행하시는 사역에 대해 이러한 주장이 가지고 있는 이해의 부족이나 잘못은 무엇인가요?

11.

예수님의 속죄의 범위는
어디까지인가요?

이 질문은 오랜 기간에 걸쳐 논란이 되었던 주제이며, 지금도 이로 인해 '개혁파 신학'과 '알미니우스 신학'이 서로 구분되는 논제들 가운데 하나입니다. 장로교회가 따르는 개혁파 신학은 오직 영원한 생명으로 선택한 사람만을 위하여 그리스도께서 십자가 위에서 죽으셨음을 말합니다. 이와 달리 감리교회와 성결교회가 따르는 알미니우스 신학은 모든 인류, 각각의 사람을 위하여 죽으셨음을 말합니다. 대략적으로 전자의 견해는 '제한속죄론'이라 일컬어지며, 후자의 견해는 '보편속죄론'이라 일컬어집니다.

개혁파 신학이 제한속죄론을 주장하는 성경적인 이유는 다음과 같습니다. 첫째, 성경에 따르면 예수님의 죽으심과 구원의 사역은 '자기 백성', '내 양', '하나님의 자녀', '나의 친구', '자신의 교회', '자신의 몸' 등의 표현에서 나타나고 있듯이 그 대상을 제한하고 있습니다(마 1:21; 요 10:14, 15:14-15; 행 20:28; 엡 5:23). 둘째, 이러한 대상의 제한은 하나님 아버지의 뜻에 따라 된 것임을 성경은 밝히고 있습니다. 예를 들어, "아버지께서 아들에게 주신 모든 사람에게"(요 17:2), "세상 중에서 내게 주신 사람들에게"(요 17:6) 등의 표현입니다. 이러한 말씀은 "내가 긍휼히 여길 자를 긍휼히 여기고 불쌍히 여길 자를 불쌍히 여기리라"(롬 9:15)라는 선택적 예정에 관한 교훈과 연결 지어 볼 때, 그리스도께서 당신의 죽음으로 구원하시고자 한 대상은 하나님의 작정 안에서 선택을 입은 자들에게 제한되는 것임을 알 수 있습니다. 셋째, 대제사장으로서의 그리스도의 중보 사역의 대상이 제한되고 있다는 사실에서도 알 수 있습니다. "내가 비옵는 것은 세상을 위함이 아니요 내게 주신 자들을 위함이니이다"(요 17:9)라는 말씀에서 보듯이, 대제사장의 중보 사역의 대상이 제한되고 있는 것은 그분의 대속의 사역 역시 제한되고 있음을 말해 줍니다. 넷째, 그리스도의 영인 성령, 곧 하나님의 영을 받는 자라야 하나님을 '아바 아버지'라 부르며 구원의 은혜를 누리게 되는 바, 그러한 은혜는 제한된 하나님의 자녀들에게 주어집니다(요 16:7; 갈 4:4, 6; 롬 8:9, 14-15, 17; 요일 3:24). 다섯째, 예수님의 십자가의 죽음은 죄인들을 향한 하나님의 지극하신 사랑의 표현인데(롬 5:7-8), 이 사랑이 모든 사람에게 주어지는 것이 아님은 가룟 유다의 경우에서 보듯이 분명하기 때문입니다. 그리스도께서 멸망의 자식으로 사탄에게 넘겨진 자를 위해 죽으셨다는 것은 불합리하며, 성경의 교훈과 일치하지 않습니다.

이러한 성경의 증거 구절들을 토대로 개혁파 신학은 그리스도의 제한 속죄를 믿습니다. 성경에서 '온 세상' 또는 '모든 사람'을 위하여 하나님의 구원의 은혜가 주어지는 것처럼 보이는 구절들은(요 3:16; 딛 2:11) 보편 속죄나 보편 구원을 말하는 것이 아니라, 나라와 민족, 남자와 여자, 주인이나 종 등 그 어떤 구별과 상관없이 모든 계층과 대상에 은혜가 두루 미치고 있음을 말씀하고 있는 것으로 해석되어야 함을 유의해야 합니다.

더 깊은 질문 예수님이 십자가에서 대리 속죄한 대상이 온 인류가 아니라 선택받은 자들이라면 어떤 문제가 있을 거라고 생각하나요? 반대로 온 인류가 예수님의 대리 속죄를 받았다면 어떤 문제가 예상되나요?

12.

예수님의 속죄는
꼭 필요한 일이었나요?

사람들은 종종 이런 질문을 합니다. "만일 우리가 죄인이라고 한들, 하나님께서 선하고 자비로우시다면 우리의 죄를 그냥 용서하실 수는 없는가?" 당신의 생각은 어떻습니까?

어떤 이들은 하나님이 어떤 죄에 대하여 속죄를 위한 보상을 전혀 요구하지 않은 채 원한다면 용서를 하실 수 있을 뿐만 아니라 또한 그렇게 하신다고 생각합니다. 이러한 견해가 옳다면 다음으로, "그렇다면 예수님이 십자가에서 돌아가신 것은 무엇을 위해서인가?"라는 질문으로 연결됩니다. 이에 대하여 이들은 예수님이 실질적으로 우리의 죄를 대속하는 데 필요하기 때문에 죽으신 것이 아니라, 단지 하나님께서 그렇게 하도록 뜻을 세우셨기에 이에 순종하기 위하여 죽으신 것이라고 설명합니다.

그러나 이러한 견해는 바르지 않습니다. 성경은 그리스도께서 죄를 속하기 위하여 단번에 죽으셨으며, 이것은 의인인 그리스도께서 죄인의 죄를 대신 짊어지신 것임을 분명하게 밝히고 있기 때문입니다(롬 5:6-7, 8:32; 벧전 2:24, 3:18; 사 53장 참조).

이들의 잘못된 주장과는 달리 올바른 견해로 삼을 만한 두 가지 견해가 있습니다. 하나는, 하나님께서 그리스도의 대속을 통해 죄인들의 죄를 용서하기로 작정하셨기 때문에 그리스도의 대속은 필연적이며, 그분의 죽으심은 실질적으로 죄를 대속하는 죽음이었음을 교훈하는 견해입니다. 이 견해에 따르면, 이러한 하나님의 작정은 그분의 공의의 속성에도 잘 부합되므로 속죄의 수단에 있어서 적절성을 잘 나타내 준다고 생각합니다. 그렇지만 이들은 하나님께서 속죄를 위한 다른 방편들을 취하실 수 없을 정도로 그리스도의 대속이 절대적으로 필연적인 것이라고는 생각하지 않습니다. 다른 하나의 견해는, 하나님은 속죄의 방편을 작정함에 있어서 당신의 공의의 속성을 따라 결정하시기 때문에 그리스도의 대속의 방편이 없이는 죄인을 용서하실 수 없다고 생각하는 것입니다. 바로 이런 의미에서 예수님의 속죄는 실질적으로 죄를 대속할 뿐만 아니라, 죄를 대속하는 유일한 방편이라고 믿습니다. 후자는 정통 개혁파 주류의 견해로 자리를 잡았으며, 전자는 소수의 견해로 남아 있습니다.

더 깊은 질문   하나님은 예수님의 속죄 사역 없이 죄인의 죄를 용서할 수는 없으셨을까요? 만일 그렇게 하셨다면 어떤 문제가 발생하게 될까요?

예수님은 '하늘에 속한 자'이시나,
죄인의 구원을 위하여 성령의 능력으로
동정녀 마리아에게서 태어난 아담의 후손이십니다.

예수님은 '부패한 본성'에 의해
'죄를 범할 가능성'이 전혀 없으신 분으로
'시험을 받을 가능성'도 없으십니다.

인간의 제한성 안에서 예수님은
메시아로서 필요한 모든 지식을
가지고 계십니다.

주님은 하나님 아버지의 뜻에 순종하기 위해
십자가 고통까지 인내하셨습니다.

예수 그리스도 안에 있는 자에게는
결코 정죄함이 없습니다.

예수 그리스도의 속죄는,
죄인을 구원하고자 하시는 하나님의 뜻과
공의로운 성품에 의하여 필연적으로 요구됩니다.

2부

인간과
죄에
대하여

인간이 하나님과 사귐을 갖는다는 것은
생각할 수 없는 일입니다. 하지만 하나님은
피조물인 인간의 행복과 안녕 그리고 평강을 위해
당신을 낮추어 인간과 사귐을 열어 가셨습니다.

13.   인간은 어떻게 존재하게 됐나요?

사람들은 인간이 어떻게 이 지구에 나타나기 시작했는
지 그 존재의 기원에 대해 여러 가지 가설을 세웠습니
다. 그것은 대략 두 가지로 요약됩니다. 하나는 우주 스
스로가 인간을 만들었다는 것이며, 또 다른 하나는 신
이 있어 우주 가운데 인간을 만들었다는 것입니다. 전
자는 자연주의 유물론으로 대표되며, 리처드 도킨스
(Clinton Richard Dawkins)의 자연주의적 다원주의론이 그것
의 한 예입니다. 후자는 기독교의 창조론으로 대표됩니
다(물론 유대교나 이슬람교도 창조론을 말합니다).

　인간은 창세기 1장 27절에 "하나님이 자기 형상 곧 하
나님의 형상대로 사람을 창조하시되 남자와 여자를 창
조하시고"라고 기록된 대로 하나님의 형상에 따라 지음

받은 존재입니다. 즉 인간이 존재하게 된 기원은 자연의 원리를 통해 우주 스스로가 빚어낸 우연의 작용에 있는 것이 아니라, 하나님이 특별한 목적을 가지고 창조하심으로써 그 존재가 시작된 것입니다.

하나님은 인간을 다른 피조물들과는 달리 직접적으로 창조하셨습니다. 예를 들면, 창세기 1장에서 "땅은 풀과 씨 맺는 채소와 각기 종류대로 씨 가진 열매 맺는 나무를 내라"(11절), "물들은 생물을 번성하게 하라"(20절), "땅은 생물을 그 종류대로 내되 가축과 기는 것과 땅의 짐승을 종류대로 내라"(24절) 등의 표현은 하나님이 땅과 물들에게 명령함으로써 이런 것들을 창조하셨음을 말씀해 줍니다. 그러나 사람을 만드실 때의 표현은 전혀 다릅니다.

"여호와 하나님이 땅의 흙으로 사람을 지으시고 생기를 그 코에 불어넣으시니 사람이 생령이 되니라"(창 2:7).

위의 말씀처럼, 하나님은 땅에게 인간을 만들어 내도록 명령하지 않고 그것을 재료로 삼아 생기를 불어넣어 직접적으로 만드셨습니다. 무엇보다 인간은 다른 동물들과는 아주 다르게 당신의 형상을 따라 만드셨습니다.

다른 어떤 동물들에 대해서도 성경은 그것들이 하나님의 형상을 반영하고 있다고 말씀하지 않습니다. 이것은 인간의 기원이 동물들과 같을 수 없음을 분명하게 말해 줍니다.

특별히 인간이 흙이라는 물질 이외에 하나님이 생기를 불어넣으심으로써 '생령', 곧 '살아 있는 존재'가 되었다는 사실은 의미심장합니다. 인간의 몸은 흙이라는 물질과 연관을 갖지만, 인간의 영혼은 하나님이 먼저 존재하는 어떤 물질을 사용하지 않은 채 직접 새롭게 불어넣으신 것입니다. 인간은 분명하게 서로 다른 두 구성 요소, 즉 몸과 영혼으로 창조되었습니다. "몸은 죽여도 영혼은 능히 죽이지 못하는 자들을 두려워하지 말고 오직 몸과 영혼을 능히 지옥에 멸하실 수 있는 이를 두려워하라"(마 10:28)라는 예수님의 말씀은 인간이 서로 다른 요소인 몸과 영혼으로 구성되어 있음을 명확히 확인해 줍니다.

이처럼 특별한 기원을 갖는 인간은 "하나님이 이르시되 우리의 형상을 따라 우리의 모양대로 우리가 사람을 만들고 그들로 바다의 물고기와 하늘의 새와 가축과 온 땅과 땅에 기는 모든 것을 다스리게 하자"(창 1:26)라는 말씀에서 보듯이, 다른 모든 피조물을 다스리며 통치하는 권세를 하나님께로부터 위임받았습니다. 이로써 인간은 하나님의 교훈에 따라 만물을 다스리고 창조주 하나님의 영광을 드러내며, 하나님의 지혜와 권능과 선하심을 찬송하는 특권을 누립니다. 그것은 또한 인간이 존재하는 목적이기도 합니다.

더 깊은
질문
만일 자연이 스스로 인간을 포함한 모든 생명체를 만들어 냈다고 주장하는 사람이 또한 하나님을 믿는다고 말한다면, 이러한 사람의 신앙을 성경에 따른 기독교 신앙이라고 할 수 있을까요?

14.   인간은 무엇으로 구성되어 있나요?

이 질문에 대한 답은 두 가지로 구별됩니다. 첫째는 몸과 영혼의 두 요소로 구성되어 있다는 것이고, 둘째는 몸과 혼과 영의 세 요소로 구성되어 있다는 것입니다. 흔히 전자는 이분설, 후자는 삼분설이라고 일컬어집니다.

이 중에서 삼분설을 주장하는 사람들은 흔히 인간을 동물과 비교해서 설명합니다. 이들은 사람과 동물은 공통적으로 물질적 구성 요소인 몸을 가지고 있으며, 또한 이 몸을 움직여 활동하는 생명의 원리인 혼을 가지고 있다고 말합니다. 하지만 사람은 동물에게는 없는 특별한 것을 가지고 있는데, 그것이 바로 하나님과 관계하여 예배하는 영적 활동의 원리인 영이라는 것입니다. 이들은 이렇게 주장하는 근거를 "여호와 하나님이 땅의 흙으로 사람을 지으시고 생기를 그 코에 불어넣으시니 사람이 생령이 되니라"(창 2:7)라는 말씀에서 찾습니다. 하나님이 불어넣으신 생기가 곧 '영'이며, 그 결과로 사람은 동물과는 달리 '생령', 곧 살아 있는 영이 된 것이라고 해석합니다. 그러나 이 해석은 잘못된 것입니다. 여기서 '생령'으로 번역된 말은 '살아 있는 혼 또는 존재'를 뜻하는 것이며, 동물들에게도 적용(개역개정 성경에 '생물'이라고 번역되어 있음)되었기 때문입니다(창 1:21, 24, 30).

성경은 혼(히브리어로 네페쉬, 헬라어로 프쉬케)과 영(히브리어로 루아흐, 헬라어로 프뉴마)으로 번역되는 두 용어를 사용하고 있습니다. 삼분설을 주장하는 사람들은 이러한 두 용어가 사용되는 것은 인간이 몸 이외에 영과 혼이라는 두 구성 요소를 가지고 있기 때문이라고 생각합니다. 하지만 이러한 해석 또한 잘못된 것입니다. 성경은 영과 혼을 서로 호환해서 사용하고 있기 때문입니다. 예를 들어, "내 영혼이 주를 찬양하며 내 마음이 하나님 내 구주를 기뻐하였음은"(눅 1:46-47)에서 '영혼'은 '혼'으로 종종 번역되는 단어이고, '마음'은 '영'으로 종종 번역되는 단어입니다. 여기서 보듯이 혼이나 영이 모두 주님을 찬양하며 기뻐하는 영적 활동에 관계되어 있으므로, 영과 혼이 서로 다른 실체인 것처럼 나누는 것은 옳지 않습니다.

아울러 "너희의 온 영과 혼과 몸이 우리 주 예수 그리스도께서 강림하실 때에 흠 없게 보전되기를 원하노라"(살전 5:23)와 "하나님의 말씀은 살아 있고 활력이 있어 좌우에 날 선 어떤 검보다도 예리하여 혼과 영과 및 관절과 골수를 찔러 쪼개기까지 하며"(히 4:12)의 말씀에서 영, 혼, 몸의 병행적인 표현들은 이 세 단어가 각각 다른 실체임을 뜻하지 않습니다. 이것은 우리가 인간의 전 실존 영역에서 항상 주님을 섬기며 살아야 함을 강조하고 있는 표현일 뿐입니다.

요컨대 창세기 2장 7절에서 보듯이, 인간은 본질적으로 몸과 혼이라는 이중적 구성을 가지고 있습니다. 그런데 이 혼이 곧 영적인 활동을 합니다. 곧 영혼은 하나의 실체로서, 영은 인간 안에서 활동하는 생명과 행동의 원리이며, 혼은 이러한 활동을 하는 행위의 주체를 가리키는 것으로 이해하는 것이 성경적입니다. 따라서 이분설이 성경적이라 할 것입니다.

더 깊은 질문 사람이 몸과 영혼으로 구성된 존재인 반면에 동물은 단지 몸만을 가지고 있다면, 낮은 수준이라 할지라도 동물에게서 볼 수 있는 정신적 기능은 어떻게 설명해야 할까요?

15. 인간 창조에서 하나님의 형상은 무엇을 뜻하나요?

인간이 하나님의 형상으로 창조되었다는 사실은 성경의
교훈에 따른 것입니다.

> "하나님이 이르시되 우리의 형상을 따라 우리의 모양대로 우리
> 가 사람을 만들고 그들로 바다의 물고기와 하늘의 새와 가축과
> 온 땅과 땅에 기는 모든 것을 다스리게 하자 하시고 하나님이 자
> 기 형상 곧 하나님의 형상대로 사람을 창조하시되 남자와 여자
> 를 창조하시고"(창 1:26-27).

여기서 하나님이 인간을 창조하신 사실과 관련하여 두
가지 표현이 나타납니다. 하나는 '하나님의 형상'이고, 또
다른 하나는 '하나님의 모양'입니다.

'하나님의 형상'과 '하나님의 모양'은 서로 다른 내용을 가리키는 것이 아닙니다. 앞의 말씀처럼 두 표현이 나란히 나오기도 하지만, 뒤에서는 형상만 언급되고 있습니다. 성경의 다른 구절들을 살펴보면 두 단어가 모두 사용된 경우(창 5:3), 형상만 사용된 경우(창 9:6; 고전 11:7; 골 3:10; 약 3:9), 모양만 사용된 경우(창 5:1) 등이 확인됩니다. 이러한 용례들은 인간이 하나님의 원형을 반영하는 모형적인 존재임을 강조하기 위해 형상과 모양이라는 단어가 서로 교호적으로 사용되고 있음을 말해 줍니다.

하나님의 원형을 반영하고 있는 특별한 존재로서의 인간에게 부여된 하나님의 형상이란 무엇인가에 대해서는 신학자들 간에 많은 설명이 있었습니다. 대체로 개혁신학에서 인정되는 견해는 좁은 의미의 형상과 넓은 의미의 형상으로 나누어 생각하는 것입니다. 좁은 의미에서의 하나님의 형상은 인간이 타락하기 이전의 원래 상태와 관련한 것입니다. 타락 이전의 인간은 하나님과 인간자신 그리고 피조계에 대하여 올바르며 참되게 아는 지식, 곧 참된 지식을 가지고 있었고, 하나님을 완전히 즐거워하고 그분을 영화롭게 하는 완전한 의가 있었으며, 죄와 악이 없는 순전한 상태에서의 완전한 거룩이 있었습니다. 즉 참된 지식(골 3:10)과 의와 거룩(엡 4:24)의 상태를 가리켜서 아담과 하와가 누렸던 원래의 의, 곧 '원의'의 상태라 하며, 또한 이것을 가리켜 좁은 의미에서의 하나님의 형상이라 일컫습니다. 이것은 불행하게도 인간이 하나님께 반역하여 죄를 범한 이후에는 완전히 상실되어 버렸습니다.

반면에 이와 구별되는 넓은 의미에서의 하나님의 형상이 있습니다. 이것은 타락 이후에도 여전히 인간에게 남아 있으며, 인간의 가치가 여타의 어떤 피조물보다 귀한 까닭을 설명합니다. 그것은 인간의 이성적 능력, 자연적 감정, 도덕적 의지, 자신이 기뻐하는 것을 스스로 선택하는 자유 의지 그리고 불멸의 성질을 가지고 있는 영혼 등을 가리켜 말합니다. 이러한 것들은 인간이 타락한 이후에도 여전히 인간에게 남아 있는 것입니다. 앞에서 말한 좁은 의미에서의 하나님의 형상, 곧 하나님과의 영적 관계성이 어떠하든지 상관없이 모든 인간이 다 하나님의 형상을 가지고 있다고 말할 때의 하나님의 형상입니다(창 9:6; 고전 11:7; 약 3:9).

타락하여 좁은 의미의 하나님의 형상을 잃어버린 인간은 이제 넓은 의미의 하나님의 형상으로서의 존귀성을 가지고 있지만, 그것을 사용함에 있어 하나님에 대해 반역함으로써 갖은 죄악의 굴레에서 비참한 영적, 도덕적,

감정적 상태에서 살게 되었습니다. 이러한 인간에게 상실한 하나님의 형상의 회복은 오직 예수 그리스도에게만 소망이 있습니다. 회개하고 예수님을 믿는 자는 새로운 사람을 입어 하나님의 형상을 좇아 참된 지식을 갖게 되며(골 3:10), 하나님을 따라 의와 진리의 거룩함으로 새롭게 지음을 받는 자들이 됩니다(엡 4:24). 아담과 하와가 타락한 이후에는 상실해 버린 하나님의 형상이 있기 때문입니다.

더 깊은
질문

낮은 수준이라도 동물에게서 사고력과 감정 그리고 나름의 삶의 질서와 윤리를 발견할 수 있다고 합니다. 그렇다면 동물에게 있는 이러한 것들과 타락한 이후에도 사람에게 여전히 남아 있는 하나님의 형상의 차이는 무엇일까요?

16.   아담과 하와는 어떻게 살아야 했나요?

스스로 존재하지 못하며 하나님에 의해 지음 받은 피조
물이라는 점을 생각할 때 누구라도 바로 알 수 있는 한
가지 명백한 사실은, 인간은 그의 창조주 하나님께 순
종해야 한다는 것입니다. 인간은 임의대로 살도록 되어
있는 자가 아니라, 그를 만드신 하나님의 뜻에 따라 살
도록 되어 있는 자이기 때문입니다. 이것은 인간이 삶의
목적을 자신 안에서가 아니라 하나님의 뜻 안에서 찾아
야 함을 뜻합니다.

  인간은 다른 피조물들과는 너무나도 다르게 말할 수
없이 특별한 존재로 지음을 받았습니다. 인간은 하나님
의 형상으로 창조된 유일한 존재입니다. 인간이 하나님
의 형상으로 지음 받았다는 것은 놀랄 만한 특별한 의

미를 갖습니다. 그것은 피조물인 인간이 창조주이신 하나님과 사귐을 나눌 수 있는 특권과 능력을 갖게 되었음을 뜻합니다.

물론 이러한 특권은 인간이 하나님에 대하여 자신에게로 나아와 사귐을 갖고 자신을 호의로 선대할 것을 요구할 권리를 말하는 것이 아닙니다. 오히려 아담과 하와가 누리는 특권이란 하나님이 그들을 당신과 교제하는 아름다운 관계로 이끌 때 그 부르심에 반응할 수 있는 능력을 갖추었다는 의미에서의 특권입니다.

하나님은 아담과 하와를 창조한 후에 이들에게 사귐의 손길을 내미셨습니다. 그 손길을 가리켜 신학자들은 하나님이 인간과 맺은 '행위 언약'이라고 부릅니다. 이 언약은 비단 아담과 하와에게만 적용되는 것이 아닙니다. 이 언약은 하나님의 형상으로 창조된 모든 인류와 맺은 것이며, 아담은 인류의 대표자로서 행위 언약 안에서 하나님과 사귐을 시작하게 된 것입니다. 행위 언약은 흠 없이 순전한 상태로 지음 받은 아담이 온 인류를 대표하는 머리로서 하나님과 맺은 것이며, 하나님은 이 언약 안에서 아담에게 당신의 명령에 온전히 순종할 것을 요구하셨고, 순종하지 않을 경우에는 '반드시 죽을 것'(창 2:17)임을 경고하셨습니다. 동시에 하나님은 이 언약 안에서 아담이 순종할 경우 에덴동산에 있는 각종 나무의 열매를 임의로 먹도록 함으로써 생명나무의 열매를 먹으며 하나님과 사귐을 누리는 영원한 생명의 기쁨을 약속하셨습니다. 하나님의 명령에 불순종하여 이러한 은혜의 복을 잃어버린 아담으로 인해 우리에게 미친 죄의 슬픔과 비참함을 상기시키며, 호세아 선지자는 이스라엘의 불순종을 이렇게 책망했습니다.

"그들은 아담처럼 언약을 어기고 거기에서 나를 반역하였느니라"(호 6:7).

행위 언약은 인간에게 무거운 짐을 부과한 것이 아니라 하나님의 호의를 나타내 보인 것임을 잊지 말아야 합니다. 창조주이신 하나님과 그분의 피조물인 인간이 서로를 향하여 갖는 본래의 자연적 관계는, 하나님이 처음부터 인간에 대한 절대적인 주권자인 동시에 인간의 삶을 지배하는 법의 제정자이십니다. 이러한 자연적인 관계는 인간과 하나님을 토기와 토기장이로 비유해도 결코 다 담을 수 없는 커다란 격차를 의미합니다. 인간이 하나님과 사귐을 갖는다는 것은 생각할 수 없는 일입니다. 하지만 하나님은 피조물인 인간의 행복과 안녕 그리고 평강을 위해 당신을 낮추어 인간과 사귐을 열어 가셨습니다. 인간은 이러한 호의에 감사로 반응하며 하나님의 명령에 순종한다면 영원한 생명, 곧 하늘의 생명을 흡족히 누릴 수 있는 은혜를 받은 것입니다.

그러나 아담과 하와는 하나님의 명령에 불순종하는 길로 나아갔습니다. 그 결과 하나님의 언약에 따라 영원한 심판 아래 놓인 자가 되고 말았습니다. 자신들만이 아니라 그들 뒤에 오는 모든 후손을 영원한 정죄와 죽음이라는 비참한 상태에 놓이도록 만든 것입니다. 이것이 이 땅에서 인생을 살아가는 인간이 날마다 겪는 슬픔과 고통의 이유입니다. 예수 그리스도의 복음은 바로 이러한 비참함에서 우리를 구원해 내시는 하나님의 사랑입니다. 그 사랑 안에 거하는 우리가 복 있는 자입니다.

더 깊은 질문 예수님 안에서 누리는 회복은 에덴의 상태로 돌아가는 것일까요? 그렇지 않다면, 아담과 하와가 행위 언약에 순종했을 때 받게 될 생명은 어떤 것이라고 생각하나요?

17.

타락 이후의 후손들에게도 행위 언약이 적용되나요?

이 질문에 대한 답은 '그렇다'와 '아니다'로 모두 주어질 수 있습니다. 행위 언약은 하나님이 최초의 사람인 아담과 맺으신 언약입니다. 이때 아담은 무죄한 상태에 있었으며 전 인류의 머리와 대표로서 하나님과 언약을 맺었습니다. 따라서 아담의 순종 또는 불순종은 아담 한 사람만의 순종 또는 불순종이 아니라, 그의 후손 모두의 순종 또는 불순종이기도 한 것이었습니다. 그러므로 행위 언약은 그것의 효력을 폐기시키는 다른 어떤 것이 없다면 아담의 모든 후손에게 그대로 적용됩니다.

먼저 행위 언약이 아담 이후의 모든 후손에게 적용되는 이유를 살펴보면 다음과 같습니다. 첫째, 피조물인 사람은 창조주이신 하나님께 언제나 순종하여 그분의 뜻에 따라 살아야 하는 의무를 가지고 있다는 자연적인 관계의 측면에서 아담 이후의 모든 후손도 여전히 행위 언약 아래에 놓여 있습니다. 둘째, 타락 이후 모든 사람은 아담의 범죄로 인하여 죽음의 형벌을 받을 뿐만 아니라 자신들이 범하는 죄로 인하여 또한 형벌을 받는다는 사실은 그들이 행위 언약 아래에 있음을 말합니다.

무엇보다도 하나님은 아담이 범죄한 이후에 행위 언약을 철회하지 않으셨습니다. 이러한 사실은 모세를 통해 율법을 주며 덧붙이신 조건성에 의해서 확인됩니다. 예를 들면, "너희는 내 규례와 법도를 지키라 사람이 이를 행하면 그로 말미암아 살리라 나는 여호와이니라"(레 18:5), "모세가 기록하되 율법으로 말미암는 의를 행하는 사람은 그 의로 살리라 하였거니와"(롬 10:5), "율법은 믿음에서 난 것이 아니니 율법을 행하는 자는 그 가운데서 살리라 하였느니라"(갈 3:12) 등의 말씀 안에 담겨 있는 조건성은 행위 언약의 특성을 반영합니다.

물론 그렇다고 해서 모세를 통해 이스라엘과 맺으신 하나님의 언약이 행위 언약이라는 것은 결코 아닙니다. 아담의 타락 이후에 부패한 인간은 그 누구도 행위 언약의 조건성을 성취함으로 영원한 생명을 누릴 수가 없습니다. 그러한 까닭에 "내가 … 너와 네 후손의 하나님이 되리라"(창 17:7)라는 아브라함과의 약속을 모세를 통하여 이스라엘과 맺으신 언약은 전적인 은혜로써 영생을 베푸시는 은혜 언약일 따름입니다. 그럼에도 불구하고 모세와 맺으신 언약 안에 담겨 있는 행위 언약의 조건적 특성은 이 조건적 명령으로 말미암아 인간은 누구도 율법의 의를 이루어 구원에 이를 수 없는 죄인임을 드러내며, 은혜 언약 안에 담겨 있는 오직 하나님의 긍휼만을 바라도록 하시기 위한 것입니다. 즉 하나님은 아담 이후의 모든 인류가 부패한 죄성을 가지고 죄 아래 있음을 드러내기 위해 행위 언약적 조건적 특성을 지금도 적용하고 계신 것입니다. 더욱이 악인들은 최후의 심판의 날에 이러한 조건성에 따라 불순종한 죄의 형벌들을 받게 될 것입니다.

하지만 이러한 행위 언약의 조건성이 예수 그리스도 안에서 구원을 받는 은혜 언약에 속한 하나님의 자녀들에게는 구원론적 의미에서 볼 때 적용이 되지 않습니다. 왜냐하면 예수 그리스도께서 당신에게 속한 백성을 위하여 이미 행위 언약의 조건적 특성을 완전히 성취하셨기 때문입니다. 그리스도를 믿는 자들은 비록 행위 언약의 조건성을 완전히 이루지 못한다 하더라도 그리스도의 공로로 인하여 영생을 얻기에 합당한 조건을 마치 자신이 이룬 듯이 하나님 앞에서 의로운 자로 인정받게 됩니다. 영생을 얻는 수단으로서의 행위 언약은 인간이 타락한 이후에는 효력을 상실했으며, 그리스도의 의의 공로만이 우리의 유일한 생명의 길이 됩니다. 이것이 그리스도의 복음이 전해 주는 기쁜 소식입니다.

더 깊은 질문

소위 행위 언약이 지금도 유효하다면, 그것은 영생의 길과 영벌의 길 가운데 어느 길과 관련되어 있을까요? 행위 언약이 완전히 폐기되었다면 예수 그리스도의 속죄 사역과 율법의 의의 순종을 통한 은혜 언약이 가능할까요?

18. 하나님을 모르는 사람도 행위 언약 아래에 있나요?

아담이 전 인류의 머리로서 하나님과 맺은 언약은 아담에게만 적용되고 그 효력이 그치는 것이 아닙니다. 선악과를 따 먹지 말라는 명령을 어김으로써 아담은 죽음의 형벌을 받게 되었습니다. 이 형벌은 육체의 죽음만을 의미하는 것이 아닙니다. 그것은 생명의 근원이며 모든 생명체의 창조주이신 하나님에게서 분리되는 것을 뜻합니다. 즉 생명의 주님으로부터 영원히 분리되는 것입니다. 또한 최고의 행복이며 선이신 하나님으로부터 이탈됨을 뜻합니다. 즉 슬픔과 고통으로 가득 찬 비참한 저주의 인생을 살게 되는 것입니다.

아담 이후로 누구도 예외 없이 이러한 형벌을 받아야 하는 처지에 놓인 채로 이 세상에 출생한다는 사실은 이들이 모두 행위 언약 아래에 있음을 말해 줍니다. 하지만 이처럼 아담의 죄로 인하여 후손들에게 미치는 형벌의 영향 또는 결과의 측면에서만 행위 언약이 모든 인류에게 적용되는 것은 아닙니다. 인간은 마땅히 자신을 만드신 창조주 하나님의 뜻에 따라 살아야 할 피조물로서의 의무를 가지고 있습니다. 즉 인간은 하나님과의 자연적인 관계에서 이미 행위 언약 아래에 있다고 말할 수 있습니다. 피조물이라는 존재적 틀 안에서 모든 인간은 행위 언약 아래에 있는 것입니다.

그런데 아담에게 있어서는 행위 언약이 선악과를 금하신 하나님의 명령을 통해서 주어졌으며, 이스라엘 백성은 율법에 더하여 주신 조건적 명령에 의하여 행위 언약의 조건적 특성을 알 수 있었습니다. 그렇지만 이스라엘이 아닌 다른 민족, 곧 이방인들의 경우에는 자신들이 행위 언약 아래에 있는 것과 그것에 따라 하나님의 교훈에 순종하여 살아야 한다는 의무를 어떻게 알 수 있겠습니까? 이 질문에 대한 답은 우리의 본성에 새겨져 있는 양심과 도덕의식에서 찾아집니다.

하나님의 형상으로 창조된 인간은 타락으로 말미암아 창조 때에 누렸던 원래의 의의 상태를 잃어버렸습니다. 그렇지만 인간에게는 여전히 이성적 능력, 자연적 감정,

도덕적 의지, 자신이 기뻐하는 것을 스스로 선택하는 자유 의지 그리고 불멸의 성질을 가지고 있는 영혼 등이 남아 있습니다. 이러한 틀 안에서 인간은 타락으로 말미암아 비록 약화되었다 하더라도 창조주 하나님께 순종해야 한다는 사실을 확증해 주는 양심을 자신의 본성 안에 가지고 있습니다. 이 양심은 하나님이 기뻐하시는 것과 미워하시는 것을 분별하는 기능을 가지고 있으며, 하나님께 순종하는 자에게는 칭찬이 있을 것이지만 불순종하는 자에게는 형벌이 있을 것이라는 조건에 대해서도 무지하지 않습니다.

성경에 따르면, 하나님은 우리 각 사람에게서 멀리 떠나 계시지 않으며 사람으로 하여금 당신을 발견하게 하십니다(행 17:27). 하나님은 하늘에서 비를 내리고 결실할 때 열매를 맺도록 하시며, 음식과 기쁨으로 우리 마음에 만족을 주는 섭리를 통해서도 당신을 증거하십니다(행 14:17). 더욱이 인간은 더욱 분명한 증거를 자신의 내면 안에 가지고 있습니다.

"율법 없는 이방인이 본성으로 율법의 일을 행할 때에는 이 사람은 율법이 없어도 자기가 자기에게 율법이 되나니 이런 이들은 그 양심이 증거가 되어 그 생각들이 서로 혹은 고발하

며 혹은 변명하여 그 마음에 새긴 율법의 행위를 나타내느니
라"(롬 2:14-15).

모든 인간은 양심에 의해 자신의 본성에 새겨진 도덕
법을 의식하고 도덕의식에 따라서 살아가게 되어 있습니
다. 그러한 양심과 도덕의식에 의하여 인간은 예외 없이
행위 언약 아래에 있음을 알 수 있습니다. 그러므로 인
간은 누구도 핑계할 수가 없습니다.

더 깊은
질문

행위 언약이 모든 인간을 향해 더 이상 유효하지 않으며 폐기
된 언약이라면, 하나님이 마지막 날 각 사람을 심판할 때 심판
의 법적 기준으로 삼으실 수 있는 것은 무엇일까요? 이러한 점
을 고려할 때, 모든 인류는 여전히 행위 언약 아래에 있다고 할
수 있나요?

19.

하나님은 왜 선악과를
먹지 말라고 하셨나요?

선악과와 관련한 것은 대부분의 신앙인들이 어려서부터 물어 왔던 질문입니다. 그러한 질문의 배경에는 '하나님이 선악을 알게 하는 나무를 애초부터 창조하지 않으셨다면 아담과 하와가 불순종하는 일도 없었을 것이 아닌가'라는 생각이 자리하고 있습니다. 이 의문은 단순히 하나님이 왜 선악을 알게 하는 나무를 만들어 에덴동산에 두셨는가에 대한 호기심에서 비롯된 것만은 아닙니다. 그러한 탐구는 하나님에 대한 신앙에서 비롯된 것이라 성경이 열어 주고 있는 범위 내에서 살펴보며 깨달아야 할 주제를 다루고 있다고 할 것입니다.

그런데 대체로 사람들이 이러한 질문을 할 때는, 선악과가 없었다면 인간이 불순종하는 일로 인해 하나님께

받았던 죽음의 심판은 없었을 것이라는 생각을 가지고 있습니다. 그 생각은 하나님에 대한 일종의 반감이기도 합니다. 하나님은 아담과 하와의 타락을 미리 아셨을 것이며, 선악과의 시험으로 인해 이들과 이들의 후손들이 범죄하여 하나님의 심판을 받을 것도 아셨을 것이라고 말합니다. 그럼에도 불구하고 하나님이 에덴동산에 선악과의 시험을 두신 것은 하나님이 전능하며 선하다고 말할 수 없게 하는 것이 아닌가 하며 저항하는 것입니다.

그러나 이러한 주장은 선악을 알게 하는 나무를 두신 하나님의 지혜를 바르게 이해하지 못한 데서 비롯된 것입니다. 하나님은 창조의 역사를 펴며 창조주의 권위와 권리를 가지고 인간으로 하여금 당신에게 순종할 것을 명하시고, 불순종할 경우에는 심판을 받을 것이라 말씀하셨습니다. 우리는 이러한 사실을 행위 언약이라고 일컫습니다. 이러한 행위 언약은 인간의 본성에 뿌리 깊이 자리하고 있으며, 하나님의 형상으로 창조함을 받은 인간은 자신의 내면 안에 있는 양심과 도덕의식에 의하여 이 사실을 부인하지 못하도록 지음을 받았습니다.

이러한 언약이 구체적이며 가시적으로 표현되도록 하여 우리가 임의로 부인하며 죄를 범하는 일이 없도록 하나님이 은혜를 베푸셨습니다. 그것이 바로 선악을 알게 하는 나무입니다. 선악을 알게 하는 나무의 열매를 따 먹지 말도록 한 금지 명령으로 인하여 이 나무는 하나님이 금하신 명령을 인간이 지키는지를 판별하는 시험적인 기준이 됩니다. 인간을 당신의 형상으로 창조하신 하나님은 인간으로 하여금 생육하고 번성하여 만물을 다스리라고 말씀하셨습니다. 그리고 동산 안에 있는 나무의 열매들은 임의로 먹게 하되 그중에 단 하나, 선악을 알게 하는 나무의 열매만은 금하셨습니다. 선악을 알게 하는 나무는 바로 인간에게 하나님의 존재와 교훈과 권위를 나타내는 상징이기도 한 것입니다. 만일 누군가가 선악을 알게 하는 나무가 없었다면 시험을 당하여 인간이 심판을 받는 일도 없었을 것이라고 불평을 한다면, 그것은 마치 하나님이 없었다면 인간이 시험을 받는 일도, 심판을 받는 일도 없었을 것이라고 말하는 것과 같습니다.

요컨대 선악을 알게 하는 나무에 반발하는 것은 바로 하나님이 없어져야 한다는 것과 동일한 반발이며, 이것은 바로 하나님을 마음에 두기 싫어하고 미워하는 죄의 증상일 뿐입니다. 하나님이 당신의 존재와 권위를 표지하는 나무를 '선악을 알게 하는 나무'라 이름하신 것은 정말로 탁월합니다. 그 나무의 시험은 하나님을 부정하고 스스로 선악을 분별하여 행할 것과 금할 것을 선택하겠다는 인간 중심의 자존적인 태도를 드러내는 것이기 때문입니다. 만일 우리가 그 나무를 통하여 하나님을 기억하고 그분의 명령에 순종한다면, 그 나무는 오히려 우리에게 복을 주는 하나님의 은혜의 방편이 되었을 것입니다.

더 깊은
질문

선악을 알게 하는 나무의 열매를 금하신 하나님의 명령이 주어지지 않았다면 아담과 하와는 에덴에서 참자유를 누렸을까요? 그들은 금지 명령 때문에 원하는 바를 행하지 못하는 자유의 제한을 받은 것일까요?

20.   생명나무의 열매를 먹으면
누구든 영원한 생명을 누리나요?

이 질문의 초점은, 생명나무의 열매를 먹으면 열매를 먹었다는 사실로 인하여 영생의 효과가 자연적으로 나타나는가에 있습니다. 아담과 하와가 하나님의 명령에 불순종하여 선악을 알게 하는 나무의 열매를 임의로 따 먹었을 때, 하나님은 아담과 하와를 에덴동산에서 내보내십니다. 그 이유와 관련하여 성경은 이렇게 밝히고 있습니다.

"여호와 하나님이 이르시되 보라 이 사람이 선악을 아는 일에 우리 중 하나 같이 되었으니 그가 그의 손을 들어 생명나무 열매도 따 먹고 영생할까 하노라 하시고 … 그 사람을 쫓아내시고 에덴동산 동쪽에 그룹들과 두루 도는 불 칼을 두어 생명나무의 길을 지키게 하시니라"(창 3:22, 24).

아담과 하와가 에덴에서 추방된 이유는 분명 그들이 생명나무의 열매를 따 먹고 영생하는 일이 발생하지 않도록 하기 위함입니다. 이를 근거로 어떤 이들은, 생명나무의 열매는 누구라도 따 먹으면 자연적으로 영생의 능력을 갖게 되는 것이라고 주장합니다. 그러나 이러한 주장은 잘못된 것입니다. 첫째, 만일 생명나무의 열매를 단 한 번만 먹어도 영생을 얻을 수 있다면, 아담과 하와가 이미 낙원에서 이것을 맛보았다고 할 때 이들을 에덴동산에서 추방하는 것은 아무런 의미가 없기 때문입니다. 그때까지 아담과 하와가 생명나무의 열매를 먹지 않았을 것이라고 주장하는 것은 "동산 각종 나무의 열매는 네가 임의로 먹되"(창 2:16)라는 말씀 등을 생각할 때 성경의 흐름상 그다지 설득력이 없습니다.

생명나무에 대한 올바른 이해는 그것을 성례전적인 상징으로 이해하는 것입니다. 즉 생명나무란 그 자체가 생명을 주는 효력을 가지고 있는 것이 아닙니다. 오히려 그것은 아담이 하나님의 명령에 순종했더라면 누리게 되었을 영원한 생명을 상징하는 성례전적인 표지입니다. 생명나무는 다음의 세 가지 의미를 나타냅니다. 첫째, 아담은 에덴에서 생명나무의 열매를 맛볼 때마다 자신이 누리고 있는 생명은 본래 자신의 것이 아니라 하나님에게서 받아 누리는 것임을 상기하게끔 되어 있었습니다. 둘째, 생명나무는 하나님의 말씀에 순종할 경우 에덴에서 누리게 될 행복한 생활과 나중에 주실 하늘의 생명에 대한 보증이었습니다. 셋째, 그리스도로 말미암아 죄의 용서를 받은 하나님의 자녀들에게 있어서 에덴의 생명나무는 천상의 낙원으로 이끌며 영원한 생명을 주시는 예수 그리스도를 상징합니다. 진실로 예수 그리스도만이 참된 생명나무입니다.

"귀 있는 자는 성령이 교회들에게 하시는 말씀을 들을지어다 이기는 그에게는 내가 하나님의 낙원에 있는 생명나무의 열매를 주어 먹게 하리라"(계 2:7).

성령께서 약속하신 '하나님의 낙원에 있는 생명나무의 열매'는 어디에 있으며 어떻게 먹게 되는 것일까요? 이것은 에덴동산에 있던 생명나무를 가리키는 것으로서, 그것이 상징하는 의미를 바라보게끔 하시는 말씀입니다. 요한계시록 마지막 장에서 생명나무가 무엇을 상징하는지가 선명하게 드러납니다.

"또 그가 수정같이 맑은 생명수의 강을 내게 보이니 하나님과 및 어린양의 보좌로부터 나와서 길 가운데로 흐르더라 강 좌우에 생명나무가 있어 열두 가지 열매를 맺되 달마다 그 열매를 맺고 그 나무 잎사귀들은 만국을 치료하기 위하여 있더라"(계 22:1-2).

과연 생명나무의 열매를 먹으면 누구라도 영생을 누리게 되나요? 그렇습니다. 예수를 믿는 자마다 멸망하지 않고 영생을 얻는다는 것은 예수 그리스도의 복음의 약속입니다. 참 생명나무인 그리스도의 복음을 믿어 영생의 복을 넘치게 누리기를 축복합니다.

더 깊은
질문
선악을 알게 하는 나무의 열매를 먹지 말라는 금지 명령에 불순종할 경우에는 죽을 것이라는 경고의 말씀을 고려할 때, 생명나무는 그 열매를 먹는 자에게 실제로 생명을 주는 것일까요, 아니면 순종했을 때 누리게 될 생명을 상징하는 것일까요?

21.   지금도 이 땅 어딘가에
에덴동산이 존재하나요?

에덴동산이 예전에 이 땅 어딘가에 존재했다는 것은 성경에 명백하게 밝혀져 있으므로 의문의 여지가 없습니다. 옛 바벨론 땅, 메소포타미아 근처, 지금은 이라크 근처의 어느 곳에 있었던 것으로 판단됩니다. 그런데 지금도 여전히 에덴동산이 그 근처에 감추어진 상태로 존재한다고 믿는 사람이 더러 있는 듯싶습니다. 심지어 로마 가톨릭의 어떤 학자들은 에녹과 엘리야가 하늘로 승천한 뒤에 적그리스도인 사탄과 싸우면서 주님의 재림의 때까지 죄인들의 처소에서 멀리 떨어진 새로운 땅에 머물고 있는데, 우리에게는 알려지지 않은 바로 그 장소에 에덴동산이 지금도 존재한다고 말하기도 합니다. 그러나 이러한 주장은 신비주의적 발상에서 비롯된 허구에 불과합니다. 더욱이 가톨릭 학자들 가운데 대다수도 이러한 생각에는 분명히 반대하고 있습니다.

에덴동산이 지금은 이 세상에 존재하지 않는다고 판단되는 중요한 이유는 무엇일까요? 무엇보다도 노아의 때에 있었던 홍수가 첫 번째 이유입니다. 온 세상이 그 홍수로 인하여 물로 덮였는데, 가장 높은 산조차도 15규빗(약 6.75미터)의 높이로 물에 덮였다고 기록되어 있습니다(창 7:19-20). 따라서 에덴동산이 그 이전까지 존재하고 있었다 하더라도 홍수 이후에는 더 이상 있을 수가 없습니다.

둘째는, 실제로 에덴이 있었던 메소포타미아 지역을 답사해도 그 흔적조차 발견되지 않고 있다는 사실 때문입니다. 에덴동산의 주변에 흐르던 강(유프라테스와 티그리스)들도 확인이 되고(창 2:8) 그 근처에 있던 하란도 확인할 수 있지만(왕하 19:12; 겔 27:23), 에덴의 흔적은 더 이상 남아 있지 않습니다.

셋째는, 상상력이 지나치게 풍부한 사람들이 혹 '하나님은 전능하셔서 홍수에도 에덴이 상처받지 않도록 어딘가에 보존하셨을 것'이라고 주장한다 하더라도 그것은 근거가 없고, 또한 그렇다면 노아가 방주를 지어 수고할 이유가 없지 않았겠느냐고 되물을 수 있기 때문입니다. 노아의 가족들이 그렇게 보호를 받은 에덴으로 들어가면 족할 것이었기 때문입니다.

넷째는, 에덴이 만일 지금까지 보존되어 있다면 그럴 만한 까닭과 목적이 있어야 하며 그것이 성경에 기록되어 있어야 할 것인데, 성경은 어디에서도 그것과 관련한 까닭과 목적을 교훈하지 않기 때문입니다. 앞에서 이야기한, 에덴은 에녹과 엘리야가 가 있는 곳으로 지금까지도 보존되고 있다는 주장은 전혀 근거가 없는 허구에 불과한 것이므로 에덴이 보존되어야 할 이유와 까닭을 설명하지 못합니다.

결론적으로 에덴동산은 더 이상 존재하지 않습니다. 하지만 그것은 장차 예수 그리스도 안에서 베푸실 지극한 평강의 안식, 그 쉼의 나라를 상징하는 예표로 우리에게 의미를 갖습니다. 예수 그리스도 안에 있는 모든 성도에게 예비되어 있는 참 에덴동산은 이 땅이 아니라 하늘에 있습니다. 그리고 주님이 다시 오신 후에 세상을 새롭게 할 그때는 새 하늘과 새 땅이 도래한 후이며, 새 예루살렘에서 옛 에덴과는 비교가 안 되는 아름다움을 누리게 될 것입니다. 생명수의 강이 흐르는 그곳에서 우리는 좌우에 늘어선 생명나무의 풍성한 열매를 먹으며 복된 영생을 누리게 될 것입니다(계 22:2). 다윗이 시편에서 "그들이 주의 집에 있는 살진 것으로 풍족할 것이라

주께서 주의 복락의 강물을 마시게 하시리이다"(시 36:8)
라고 찬양한 것처럼, 온 성도는 이 행복을 찬양할 것입
니다.

더 깊은 질문 에덴동산은 역사 속에 존재한 적이 없으며, 일종의 신화에 불과하다는 주장에 대한 당신의 생각은 무엇인가요? 더 이상 존재하지 않는 에덴동산이 우리에게 전해 주는 신앙의 의미는 무엇인가요?

22.   죄란 무엇인가요?

이것은 간단한 질문 같지만, 이에 대한 성경의 대답을
마음으로 인정하고 이해하는 것은 결코 간단하지 않습
니다. 그것은 하나님을 믿지 않는 사람들도 생각하고 동
의할 수 있는 어떠한 철학적 답변이 아니라, 오직 하나
님과의 관계 안에서만 깨달아지는 영적인 것이기 때문입
니다. 곧 죄란 하나님이 계신 것을 믿는 믿음과 하나님
이 인간에게 그렇게 살아야만 할 마땅한 도리를 주셨다
는 사실관계를 떠나서는 결코 설명될 수 없는 것입니다.
  창조주 하나님은 피조물인 인간이 마땅히 행해야 할
규범을 주셨으며, 그것의 가장 구체적인 형식은 율법이
라고 일컬어지는 것입니다. 율법이 교훈하는 바의 핵심
은 '마음을 다하고 뜻을 다하고 힘을 다하여 하나님을

사랑하는 것'이며, 또한 '이웃을 자신과 같이 사랑하는 것'입니다. 이것은 결국 '하나님을 사랑하는 것'으로 요약됩니다. 이웃 사랑은 하나님을 사랑하는 자들이 하나님의 교훈에 순종하여 마땅히 행해야 하는 원리로 이해될 수 있기 때문입니다.

이러한 율법은 이스라엘에 주어진 것이지만, 율법을 받지 못한 다른 사람들에게는 이러한 율법이 그들의 마음에 새겨져 있기 때문에 율법을 모른다고 핑계할 수가 없습니다. 어떻게 율법이 마음에 새겨져 있음을 알 수 있습니까? 그 사실은 그들의 마음에 있는 양심이 증거합니다. 인간은 스스로 자신이 선과 악 사이에서 고발하고 또는 변명하는 심리적 갈등을 겪는데, 이것이 곧 양심에 의한 것입니다(롬 2:14-15). 이러한 양심의 활동도 하나님과의 관계 안에서 이루어집니다. 하나님은 이스라엘 민족이 아닌 사람들에게도 하나님에 대해 알 만한 것을 그들 속에 보이셨기 때문입니다(롬 1:20).

따라서 죄란 하나님을 사랑하지 않는 모든 상태나 행위를 가리키며, 하나님과 함께 거하기보다는 그분에게서 떨어져 있기를 좋아하고, 하나님을 미워하는 자들에게서 나타나는 것입니다.

"하나님을 알되 하나님을 영화롭게도 아니하며 감사하지도 아니하고 오히려 그 생각이 허망하여지며 미련한 마음이 어두워졌나니 스스로 지혜 있다 하나 어리석게 되어 썩어지지 아니하는 하나님의 영광을 썩어질 사람과 새와 짐승과 기어 다니는 동물 모양의 우상으로 바꾸었느니라 … 또한 그들이 마음에 하나님 두기를 싫어하매 하나님께서 그들을 그 상실한 마음대로 내버려 두사 합당하지 못한 일을 하게 하셨으니 … 그들이 이 같은 일을 행하는 자는 사형에 해당한다고 하나님께서 정하심을 알고도 자기들만 행할 뿐 아니라 또한 그런 일을 행하는 자들을 옳다 하느니라"(롬 1:21-23, 28, 32).

죄가 이러한 것이기 때문에 선과 악에 대한 대비는 절대적입니다. 선과 악 사이에 중립 지대는 없습니다. 하나님을 사랑하며 하나님과 함께하는 것은 선한 일이지만, 그렇지 않은 것은 악이며 또한 죄일 뿐입니다.

더 깊은 질문 죄는 하나님의 계명에서 벗어나 불순종하는 일체의 행위를 말합니다. 그러면 예수님을 찾아와 '계명을 지켰다'고 말한 부자 청년(마 19장)은 죄를 범하지 않은 것일까요? 예수님이 부족한 것이 있는지를 묻는 그 부자 청년에게 '온전하고자 하면' 자신의 소유를 팔아 가난한 자들에게 주고 주님을 따르라고 말씀하신 것은, 이제 주님이 말씀하신 것만 추가로 지키면 죄를 범하지 않게 된다는 것을 가르치시는 것일까요? 만일 그렇다면 죄에 대한 이해가 바르다고 할 수 있을까요?

23.

**생각하는 것만으로도
죄가 되나요?**

죄란 도덕적 의미에서의 악을 뜻합니다. 만일 사람에게
도덕적 기준이 적용되지 않는다면 죄라는 개념도 있을
수 없습니다. 사람에게 도덕적 책임이 있다고 할 때는
두 가지가 고려되어야 합니다. 첫째, 사람이 도덕적일 수
있으려면 그는 인격적 존재로서 자유로운 선택의 행위
를 할 수 있어야 합니다. 사람이 하나님의 형상으로 창
조되었다는 사실은 사람이 인격적이며 도덕적인 존재임
을 말해 줍니다. 둘째, 도덕적인지 그렇지 않은지를 구
분하는 기준이 있어야 합니다. 그 기준은 사람이 스스
로 정하는 것이 아니라, 사람을 창조하신 하나님에 의하
여 주어집니다. 사람이 마땅히 행해야 할 도리로 밝히신
하나님의 뜻, 곧 하나님의 율법이 바로 죄의 개념을 드

러내 주는 기준입니다.

그렇다면 하나님의 형상으로 지음 받은 인격적 존재인 사람이 자신의 자유 의지에 따라서 하나님의 율법에 어긋난 선택을 할 때 죄를 범한다고 말할 수 있습니다. 하나님의 율법에 어긋난다는 것은 내용적으로 일체의 심적 성향과 말과 행동에 있어서 하나님을 사랑하지 않는 것을 뜻합니다. 예수님이 이르신 바처럼 "네 마음을 다하고 목숨을 다하고 뜻을 다하여 주 너의 하나님을 사랑"하는 것과 "네 이웃을 네 자신같이 사랑"하는 것(마 22:37, 39)이 율법의 참 의미이기 때문입니다.

특별히 염두에 두어야 할 것은, 하나님을 사랑하지 않는 것으로서의 죄란 적극적인 의미에서 하나님을 미워하는 것이라는 사실입니다. 즉 하나님을 사랑하는 것과 미워하는 것이 동시적일 수 없기 때문에 하나님을 사랑하는 선과 하나님을 미워하는 악 사이에는 절대적인 대조가 있을 뿐이며, 이 둘 사이에 어떠한 중립적인 상태란 없습니다.

"한 사람이 두 주인을 섬기지 못할 것이니 혹 이를 미워하고 저를 사랑하거나 혹 이를 중히 여기고 저를 경히 여김이라 너희가 하나님과 재물을 겸하여 섬기지 못하느니라"(마 6:24).

하나님을 사랑하든지, 아니면 미워하든지 둘 중의 하나라는 사실은, 선과 악은 선이 줄어들면 악이 증가하고, 선이 늘어나면 악이 줄어드는 것과 같은 양적 변화로 인해 초래되는 상태가 아니라는 점을 말해 줍니다. 선과 악은 하나님과 그분의 율법에 대해 갖는 질적인 성향과 태도에 따라 달라지는 것입니다. 그러므로 회개란 단순히 선을 증가시키는 것이 아니라, 근본적으로 방향을 돌이켜 하나님을 향하여 나아가는 것을 뜻합니다.

죄란 근본적으로 사람의 마음으로부터 비롯되기 때문에 사람의 지성과 의지 그리고 정서 등 인격의 모든 측면에서 죄의 오염은 피할 수가 없습니다.

"마음에서 나오는 것은 악한 생각과 살인과 간음과 음란과 도둑질과 거짓 증언과 비방이니 이런 것들이 사람을 더럽게 하는 것이요 씻지 않은 손으로 먹는 것은 사람을 더럽게 하지 못하느니라"(마 15:19-20).

그렇기 때문에 죄는 외적인 행위로 드러나는 것이 일반적이지만, 외적으로 드러나지 않는 마음의 내적 성향이나 습성 그리고 그것에서 비롯되는 생각들도 그것이 하나님을 사랑하는 것에 어긋난다면 죄입니다.

"나는 너희에게 이르노니 음욕을 품고 여자를 보는 자마다 마음에 이미 간음하였느니라"(마 5:28).

덧붙여 말하면, 죄는 내면적으로 하나님을 미워하는 부패한 상태를 가리킬 뿐만 아니라, 그것으로 인하여 형벌의 심판을 초래하는 죄책을 포괄합니다. 그래서 우리는 "우리가 우리에게 죄지은 자를 사하여 준 것같이 우리 죄를 사하여 주시옵고"(마 6:12)라고 기도합니다. 형벌의 심판을 받을 죄책을 사하여 주시옵기를 간구하는 것입니다.

더 깊은 질문   우리의 마음과 목숨과 뜻을 다하여 하나님을 사랑하고 이웃을 우리 자신과 같이 사랑하라는 예수님의 말씀을 생각할 때, 과연 어떻게 해야 우리가 계명을 지켰다고 할 수 있을까요? 하나님의 계명에 순종하는 일은 단지 사람이 정한 규칙을 지키는 것과 어떻게 다를까요?

24. 죄가 크든 작든 모두 영원한 형벌을 받나요?

가톨릭에서는 죄를 대죄(大罪)와 소죄(小罪)로 구분합니다. 그들에 따르면, 대죄란 하나님에게 완전히 등을 돌린 죄로서 영원한 형벌을 받아야 하는 죄를 말합니다. 이것은 말하자면 즉시 생명을 앗아갈 정도로 매우 심각한, 치명적인 상처와 같이 영혼을 즉시로 죽이는 커다란 죄입니다. 반면에 소죄는 하나님에게서 완전히 등을 돌리지는 않지만 하나님에게로 나아가지 못하도록 방해하는 죄로서, 대체로 쉽사리 용서를 받는 죄입니다. 이렇게 구분하면서, 소죄는 그 특성상 작고 가벼운 것이라 소죄를 범한 자에게서 하나님의 은총을 빼앗아 가 버리거나, 그를 하나님의 원수로 만들거나 영원한 죽음을 당하도록 하지는 않는다고 말합니다.

하지만 가톨릭의 이러한 이해는 잘못된 것입니다. 물론 모든 죄가 다 같지는 않습니다. 신자는 하나님의 은혜로 말미암아 어떤 죄도 용서를 받기 때문에 가톨릭의 구분에 따라 생각해 본다면 소죄라고 할 수 있습니다. 마찬가지로 믿지 않는 사람의 죄는 용서받지 못하기 때문에 모두가 대죄라고 할 수 있습니다. 하지만 초점은, 하나님의 은혜로 인하여 용서를 받는 죄가 있느냐 또는 없느냐의 문제가 아닙니다. 죄 가운데 그 본질적 특성상 영원한 심판을 받지 않을 수 있는 죄가 있느냐의 문제입니다. 경우에 따라서는 신자의 죄들도 그 심각성과 잔혹성에 따라 무거운 죄와 가벼운 죄로 구분되기도 합니다. 그렇지만 문제의 초점은 이러한 구분에 따라서 하나님의 은혜를 받지 않고도 어떤 죄가 본질적 특성상 영원한 심판을 받지 않을 수도 있느냐에 대한 것입니다.

개혁신학은 이 문제에 대해 분명하고도 단호한 견해를 제시합니다. 그것이 죄인 이상 어떠한 죄라도 본질상 영원한 심판을 받지 않을 수 없습니다. 왜 그럴까요? 무엇보다도 "죄의 삯은 사망"이기 때문입니다(롬 6:23a). 또 "범죄하는 그 영혼은 죽을지라"(겔 18:20a)라고 말씀할 때, 어떤 종류의 죄든 다 포괄적으로 말씀이 주어지고 있기 때문입니다. 또한 "이 율법의 말씀을 실행하지 아니하는 자는 저주를 받을 것이라 할 것이요"(신 27:26a)라고 했던 바와 같이, 율법에서 벗어난 것은 다 죽음의 저주 아래 있습니다. 그런데 "누구든지 온 율법을 지키다가 그 하나를 범하면 모두 범한 자가 되나니"(약 2:10)라고 했으니, 율법 가운데 지극히 작은 것 하나라도 범하는 자가 있다면 그는 율법의 말씀을 실행하지 않은 자가 되어 저주를 받지 않을 수 없는 것입니다. 뿐만 아니라, 마지막 심판의 날에 사람이 이 땅에 살면서 한 무슨 무익한 말이라도 심문을 받을 것이라고 했으며(마 12:36), 그 결과로 정죄함을 받게 될 것이라고도 했습니다(마 12:37). 무익한 말이라도 영원한 형벌을 받게 된다면, 어떤 다른 죄가 그 가벼움을 이유로 영원한 심판을 피할 수 있겠습니까?

죄란 근본적으로 하나님의 영광을 배척하고 그것에 대해 대립각을 세웁니다. 죄는 하나님의 무한한 신적 존엄을 손상시킵니다. 따라서 죄는 무한한 죄책을 가지며, 형벌의 기간 또한 영구합니다. 이러한 영원한 정죄의 심판을 면하게 해 주는 유일한 길은 오직 하나님의 긍휼을 따라 우리에게 오신 예수 그리스도의 속죄의 은혜뿐입니다. 그리스도의 은혜가 없다면 모든 죄는 다 영원한 심판을 받아야 할 뿐이며, 그런 의미에서 가톨릭에서 말하는 대죄와 소죄의 구분은 죄의 본질적 특성을 오해한 매우 잘못된 것입니다. 예수 그리스도의 속죄의 은혜를 누리는 자로서 어떤 죄라도 멀리하는 성도가 되기를 축복합니다.

더 깊은
질문

어떤 죄라도 형벌을 받으며 어떤 죄라도 용서를 받을 수 있다면, 작은 죄와 큰 죄의 구별은 불필요한 것이 되는 것일까요? 만일 구별이 필요하다면 어떤 점에서 그럴까요? 모든 죄가 다 형벌을 받는다는 말은 큰 죄와 작은 죄의 형벌이 동일하다는 뜻일까요?

25.

타락한 천사들은
언제, 어떤 죄를 범했나요?

성경은 천사들 가운데 죄를 범하여 타락한 천사들이 있음을 분명하게 말씀합니다.

> "또 자기 지위를 지키지 아니하고 자기 처소를 떠난 천사들을 큰 날의 심판까지 영원한 결박으로 흑암에 가두셨으며 … 천사장 미가엘이 모세의 시체에 관하여 마귀와 다투어 변론할 때에 감히 비방하는 판결을 내리지 못하고 다만 말하되 주께서 너를 꾸짖으시기를 원하노라 하였거늘"(유 1:6, 9).

타락한 천사들이 범죄한 시점에 대해서는 분명하게 알기 어렵지만, 마귀가 하와를 미혹했던 것으로 미루어 (창 3:1-6, 14-15) 이들의 타락이 사람의 타락보다는 먼저 있었을 것입니다. 하지만 이들의 타락이 하나님이 창조의 역사를 다 마치기도 전에 있었을 것으로 여겨지지는 않습니다. 하나님은 인간의 창조까지를 다 마친 이후에 만든 모든 것이 보기에 좋았다고 하셨기 때문입니다(창 1:31). 물론 성경에 "마귀는 처음부터 범죄함이라"(요일 3:8)라고 기록되어 있지만, 여기서 처음부터라는 말이 반드시 '마귀가 천사로 창조를 받자마자 처음부터'라는 의미로 해석될 이유는 없습니다.

타락한 천사들이 어떤 방식으로 죄를 범했는지에 대해서는 알 길이 없습니다. 이와 관련한 어떤 확고한 증거들을 성경에서는 찾을 길이 전혀 없습니다. 타락한 천사들의 우두머리는 마귀 또는 사탄이라 불리는 자입니다. 사탄은 자신이 먼저 타락한 이후에 다른 천사들을 타락시켰을 거라는 생각이 일반적이지만, 이것에 대한 성경의 분명한 증거는 없으며, 다만 상당수의 사람이 그렇게 추론할 따름입니다.

성경이 확실하게 말씀하고 있는 것은 첫째, 마귀를 비롯한 타락한 천사들은 진리에 서지 못했으며, 거짓을 말하는 자들이었다는 점입니다(요 8:44). 여기서 말하는 진리는 그리스도에 관한 복음의 진리를 뜻한다기보다, 타락한 천사들이 창조함을 받았을 때 하나님이 그들에게 부여하신 순전성과 그들이 피조물로서 하나님께 마땅히 드려야 하는 충성심 등을 가리키는 것으로 보는 것이 좋을 듯합니다. 아마도 앞서 보았던 "또 자기 지위를 지키지 아니하고 자기 처소를 떠난 천사들을"(유 1:6)이라는 말씀에서 '자기 지위'란 바로 그들이 처음 창조 때 놓였던 진리의 상태를 가리키는 것으로 해석될 수 있을 것입니다.

둘째, 타락한 천사들이 범한 죄의 성격은 무엇보다도 교만으로 요약될 수 있습니다. 예를 들어, 성경은 새로 입교한 자를 교회의 직분자로 세우지 말라고 말씀합니다. 그것은 이들이 "교만하여져서 마귀를 정죄하는 그 정죄에 빠"지는 일이 없어야 하기 때문입니다(딤전 3:6). 마귀는 교만의 악에 빠져서 "세상의 신"(고후 4:4) 또는 "세상의 임금"(요 12:31)을 자처하고 세상을 미혹하여 자신을 하나님의 자리 위에 두기를 원해 하나님을 반역하고 대적했던 것입니다.

또한 타락한 천사들의 우두머리인 사탄은 하나님의 창조의 면류관인 아담과 하와를 미혹하여 죄를 범하게 함으로써 하나님의 창조 세계를 파멸한 파괴자입니다. 사탄은 타락한 이 세상에서 모든 죄인 가운데 왕 노릇 하며 끊임없이 죄를 범하고 있습니다(엡 2:2). 하지만 이 세상을 다스리는 분은 하나님이시므로, 사탄이 '공중의 권세 잡은 자'이며 '이 세상의 임금 또는 신'이라는 것은 하나님을 대적하는 사악한 심령 위에 역사하고 있다는 사실을 가리키는 것일 뿐임을 유의해야 합니다. 마귀는 마지막 심판의 날에 이르기까지 밤낮으로 하나님 앞에서 하나님의 백성을 참소하겠지만(계 12:10), 결국은 그리스도에 의하여 멸망을 당하고 영원한 불못의 심판을 받게 될 것입니다(계 20:10).

더 깊은 질문 아담과 하와를 미혹한 마귀를 비롯한 타락한 천사들을 가리켜 성경은 진리를 거슬러 하나님을 대적하는 '공중의 권세 잡은 자', '세상의 신' 또는 '세상의 임금'이라고 경고하며 교훈합니다. 이 세상에서 일어나는 악한 일의 배후에 타락한 천사가 영향력을 행사하고 있다고 생각할 수 있나요?

26.　　　아담이 범한 불순종의 죄는
그의 후손에게도 옮겨지나요?

그렇습니다. 아주 오래전부터 지금까지 계속해서 활동하고 있는 소위 펠라기우스파라는 이단은, 아담의 죄는 단지 아담에게만 해당될 뿐이며 그의 후손들에게는 전혀 적용되지 않는다고 주장합니다. 그러나 이것은 성경의 교훈에 어긋나는 잘못된 것이며, 모든 정통 기독교 교회가 인정하지 않는 뿌리 깊은 이단입니다.

아담이 범한 죄가 그의 후손들에게도 적용된다고 할 때, 아담이 범한 개인적인 죄조차도 그렇게 된다고 말하는 것은 아닙니다. 오직 아담이 온 인류의 대표자라는 공적인 위치에서 범한 죄의 경우에만 그의 후손들에게도 적용되는 것이기 때문입니다. 아담과 그의 후손들의 관계는 이중적입니다. 첫째는, 아버지와 자손들이라는 자연적인 관계입니다. 이러한 관계에서는 경우에 따라 아버지의 모든 죄가 자손들에게 전가될 수도 있습니다. 둘째는, 아담이 그의 후손 모두의 대표자라는 정치적이며 법적인 관계입니다. 이러한 관계에서는 아담이 공적인 위치에서 한 행동의 경우 그 결과가 모든 후손에게도 미치게 됩니다.

아담이 모든 후손을 대표하는 법적인 위치를 갖게 된 것은 후손 모두가 동의하거나 아담이 자처하여 이루어진 일은 아닙니다. 그것은 하나님이 아담으로 하여금 모든 인류의 뿌리이며 머리가 되도록 해서 그로 하여금 온 인류가 복을 받거나 잃어버리게끔 당신의 뜻으로 정하신 일입니다. 그리하지 않으셨다면, 하나님은 아담에게 한 것처럼 모든 개개인과 일일이 언약을 맺으셔야 했을 것입니다. 하지만 하나님은 그렇게 하지 않으셨으며, 그렇게 해야 할 이유도 없으셨습니다.

이러한 사실과 관련하여 성경은 "그러므로 한 사람으로 말미암아 죄가 세상에 들어오고 죄로 말미암아 사망이 들어왔나니 이와 같이 모든 사람이 죄를 지었으므로 사망이 모든 사람에게 이르렀느니라"(롬 5:12)라고 말씀합니다. 성경이 이 말을 하고 있는 까닭은 그리스도의 대리 속죄와 그분의 백성에게 당신의 의를 전가하는 일은 결코 이해할 수 없는 것이 아니라는 점을 강조하기 위함입니다. 우리가 잘 알고 있듯이, 이미 이와 같은 원리가 아담과 그의 후손들 사이에도 나타났음을 지적함으로써 그리스도의 의의 전가의 원리 또한 확인시키고 있는 것입니다. 아담이 그의 후손들의 뿌리이며 머리로서 대표자가 된 것과 같이 둘째 아담인 그리스도도 그분의 택한 백성의 머리이며, 그렇기 때문에 아담의 죄책이 모든 후손에게 전가되었듯이 그리스도의 의도 그분의 택한 백성에게 전가된다는 사실을 비교하여 설명하고 있는 것입니다. 즉 아담에게서 그 후손들로 넘어가는 죄의 전가는 이미 확정적인 진리로 전제되고 있습니다.

또 로마서 5장 18절의 "한 범죄로 많은 사람이 정죄에 이른 것같이"라는 말씀은 아담이 개인적으로 범한 모든 죄가 아니라, 그가 후손들의 머리로서 범한 죄가 전가될 뿐임을 밝히고 있습니다. 이것은 같은 절의 "한 의로운 행위로 말미암아 많은 사람이 의롭다 하심을 받아 생명에 이르렀느니라"라는 말씀에서 그리스도가 그분의 백성의 머리가 되어 그들을 의롭게 하는 것과 같은 원리입니다. 그래서 성경은 "아담 안에서 모든 사람이 죽은 것같이 그리스도 안에서 모든 사람이 삶을 얻으리라"(고전 15:22)라고 말씀하고 있는 것입니다.

아담의 범죄로 인해 온 인류는 하나님이 아담을 창조하며 주신 원래의 의를 잃어버리게 되었고, 그로 인하여 모두가 죄로 인해 죽음의 권세 아래 놓이게 되었습니다. 모든 인류는 부패한 본성에 따라 스스로 죄를 범하여 죽음에 이르게 될 뿐만 아니라, 아담의 죄책 자체로 인하여 이미 죽음에 이르게 되는 자들이라는 것이 성경의 바른 교훈입니다.

더 깊은 질문 한 사람 아담이 범한 죄의 결과가 그의 후손에게도 적용되어 아담 이후 모든 사람이 죽음의 권세 아래 놓이게 된 것과 부패한 성품을 가지고 태어나게 된다는 것이 공정하게 여겨지나요? 만일 아담이 순종하여 더 나은 하늘의 생명을 받게 되었다면, 그 생명을 아담과 하와만이 아니라 그의 후손들도 누리게 되었을까요?

27.
이 세상과 오는 세상에서
용서받지 못할 죄는 무엇인가요?

성경은 이 세상에서는 물론이거니와 오는 세상에서도 결코 사함 받지 못할 죄가 있음을 분명하게 말씀합니다. 이 죄는 흔히 '성령 훼방죄', '성령 모독죄' 또는 '사망에 이르는 죄'(요일 5:16)라고 불립니다.

> "그러므로 내가 너희에게 이르노니 사람에 대한 모든 죄와 모독
> 은 사하심을 얻되 성령을 모독하는 것은 사하심을 얻지 못하겠
> 고 또 누구든지 말로 인자를 거역하면 사하심을 얻되 누구든지
> 말로 성령을 거역하면 이 세상과 오는 세상에서도 사하심을 얻
> 지 못하리라"(마 12:31-32. 막 3:29-30 참조).

이때 사함을 받지 못하는 죄가 성령을 거역하는 죄라

고 할 때, 그것은 성부 하나님과 성자 하나님을 거스르지는 않은 채 오직 성령 하나님만을 거역하는 죄라는 뜻은 아니라는 점을 기억할 필요가 있습니다. 성부, 성자, 성령 하나님은 신적 본질상 한 하나님이시기 때문에, 이 중에 어느 한 분이 신성 모독을 받으면 다른 두 분도 같이 영광과 존엄의 훼손을 받게 됩니다. 하지만 구원을 위한 일을 하는 측면에서 성자 하나님은 십자가 죽음과 부활, 승천 등과 같은 구속의 객관적 사역을 이루시는 반면에, 성령 하나님은 이러한 구속 사역을 마음에 깨닫도록 적용하시는 일을 하는 것으로 구별하여 이해되고 있기에, 이러한 측면에서 성령 하나님을 향한 모독죄를 말합니다.

그러면 어떠한 것이 성령 훼방죄에 해당하는 것일까요? 일단 죽을 때까지 회개하지 않는 죄를 성령 훼방죄라고 단순하게 말할 수는 없을 것입니다. 하나님을 믿지 않는 사람은 결국 회개하지 않고 이 세상을 마감하는데, 이들 모두가 성령 훼방죄를 범하는 것은 아니기 때문입니다. 성령 훼방죄는 몇 가지 특징을 갖습니다. 첫째, 그것은 복음이 진리라는 것을 이론적으로나 실제적으로나 정면으로 거부합니다. 따라서 알지 못함으로 그리스도를 박해했던 바울이나 그리스도를 십자가에 못

박았던 유대인들의 죄는 여기에 해당하지 않습니다. 둘째, 그것은 악의적으로 진리에서 완전히 이탈합니다. 따라서 생명을 잃을까 두려워하여 예수님을 부인했던 베드로가 범한 죄나 세상을 사랑했던 데마가 범한 죄 또한 여기에 해당되지 않습니다. 셋째, 그것은 깊은 증오심에서 집요하게 복음을 공격합니다. 그리고 넷째, 그것은 완악한 마음으로 죽음에 이르는 순간에도 결코 회개하지 않습니다.

성령 훼방죄가 결코 용서받지 못하는 까닭은, 하나님의 긍휼 혹은 그리스도의 공로가 어떤 결함을 가지고 있기 때문이 아닙니다. 그것은 성령 훼방죄를 짓는 사람들이 죄를 용서받기 위한 필요조건인 '회개'를 거부하기 때문입니다. 이것은 예수 그리스도의 속죄의 능력과 성령의 유효적인 적용을 모두 부인하고 배척하기 때문에 비롯되는 일입니다.

> "하물며 하나님의 아들을 짓밟고 자기를 거룩하게 한 언약의 피를 부정한 것으로 여기고 은혜의 성령을 욕되게 하는 자가 당연히 받을 형벌은 얼마나 더 무겁겠느냐 너희는 생각하라"
> (히 10:29).

굳은 심령을 가지고 사악하게 예수님이 행하신 이적을 마귀에 의한 것이라고 비방했던 서기관과 바리새인들의 경우가 여기에 해당된다고 말할 수 있습니다. 그러나 사망에 이르게 하는 어떠한 죄도 하나님의 택함을 받은 신자들에게는 결코 해당되지 않습니다. 신자들이 범하는 죄는 연약하여 범하는 것일 뿐이며, 신자들은 용서받는 데 필요한 회개의 은혜를 누리기 때문입니다.

더 깊은
질문

예수 그리스도의 은혜로 용서받지 못할 큰 죄는 없습니다. 그런데 만일 그러한 죄가 있다면 예수님의 십자가 속죄의 공로가 부족하다는 말일까요? 마귀와 타락한 천사들의 죄가 용서받지 못한다면 그것은 무엇 때문일까요?

28.　아담의 타락 이후에 모든 사람은
죄의 노예가 되었나요?

그렇습니다. 아담과 하와가 타락한 이후에 모든 인간은
죄에 대한 종노릇을 피할 수 없는 비참한 상태에 있습니
다. 물론 이것은 도덕적이거나 자연적인 선을 행하는 것
과 관련하여 하는 말이 아닙니다. 성경의 가르침을 따를
때, 타락한 이후에도 인간에게 외적이며 도덕적인 선을
행할 능력이 얼마간 남아 있어 인간이 공의를 행하고 긍
휼과 자비를 베풀며 악을 억제하는 일이 있음을 부인하
지는 않습니다.

　하지만 질문의 요점은 이러한 자연적이며 시민적인 선
을 행할 능력이 있느냐의 문제가 아니라, 하나님이 기뻐
하며 받으실 만한 영적이며 초자연적인 선을 행할 능력
이 있느냐의 문제입니다. 타락한 이후 죄의 상태에 있는

인간은 과연 이러한 영적 선을 행할 능력이 단지 약화되고 감소되었을 뿐인지, 아니면 완전히 상실되어 구원의 진리를 알지 못하며 어떠한 영적 선도 행하지 못하는 것인지와 관련한 질문입니다. 이 질문에 대해 전자를 옳다고 여기는 가톨릭 신학에 반대하여, 개혁파 신학은 후자를 확증합니다.

성경에 따르면, 예수님은 죄의 상태에 있는 인간에 대해 "죄의 종"(요 8:34)이라고 말씀하셨습니다. 이것은 자신의 몸을 불의의 무기로 내어 줄 정도로 몸의 사욕에 지배를 당하고 있음을 뜻합니다(롬 6:12-14). 성경은 이러한 인간을 가리켜 또한 '허물과 죄로 죽은 자'라고 일컫습니다(엡 2:1). 이것은 단지 사람의 육신의 죽음, 혹은 영원한 죽음의 형벌을 받게 될 것을 말하는 것일 뿐만 아니라, 또한 하나님과의 연합이 해체되고 사귐이 끊어졌으며, 거룩성을 잃어버린 자가 되었음을 말하는 것입니다. 거룩성은 참된 생명의 특성이며 본질입니다. 이러한 맥락에서 죄의 상태에 있는 사람들은 참된 영적 진리와 관련하여 '총명이 어두워지고 무지한' 자들이며(엡 4:18), 그 자체로 '어둠'입니다. 뿐만 아니라 의지와 관련하여 "마음이 굳어짐으로 말미암아 하나님의 생명에서 떠나" 있으며 "자신을 방탕에 방임"하는 자들입니다(엡 4:18-19). 죄

아래 있는 인간은 그 마음이 돌같이 굳은 자들입니다
(겔 36:26).

하지만 하나님이 이스라엘을 모으고 그들에게 "생명
과 복과 사망과 화를 네 앞에 두었나니"(신 30:15)라고 말
씀하신 것이나, "만일 그들이 지혜가 있어 이것을 깨달
았으면 자기들의 종말을 분별하였으리라"(신 32:29)라고 말
씀하신 것은 이들에게 영적 선을 행할 능력이 있으며,
이들이 죄의 노예로 끌려다니지 않을 수 있음을 전제로
하신 것이 아닐까요? 그렇지 않습니다. 여기서 하나님은
믿지 않는 자들이나 부패와 어둠 속에 있는 자들을 향
하여 말씀하신 것이 아니기 때문입니다.

물론 이스라엘 가운데 많은 사람이 여전히 중생하지
못한 채 죄의 상태에 있었습니다(고전 10:5; 히 4:6, 9). 하지
만 하나님의 말씀이 죄의 상태에 있는 사람에게도 어떤
영적 선을 선택할 능력이 있음을 전제하고 있다고 오해
해서는 안 됩니다. 하나님은 단지 이스라엘로 하여금 무
엇을 선택하는 것이 더 나은 것인지, 그들이 하나님께
구해야 할 바가 무엇인지를 알도록 가르치신 것일 따름
이기 때문입니다. 하나님의 계명은 능력의 척도를 말해
주는 것이 아닙니다. 단지 마땅한 도리, 의무의 규칙을
말해 줄 따름입니다. 즉 계명은 무엇을 할 수 있는 능력

이 지금 우리에게 있느냐를 말해 주는 것이 아니라, 우리가 행해야 할 도리와 의무가 무엇인가를 말해 주는 것입니다. 죄의 형벌이 주어지는 것도 죄인이 그렇게 하지 않을 수 있음에도 행했기 때문이 아니라, 그 죄가 하나님의 법에 어긋났기 때문입니다. 요컨대 인간은 하나님의 은혜가 없이는 영적 선을 행할 수 없는 죄의 종입니다.

더 깊은 질문

어느 정도 도덕적인 생활과 시민적 질서를 지키며 살아가는 선한 모습을 보이는 사람에게도 죄의 종이라고 하는 것은 지나친 말이 아닐까요? 이 사실을 설명하기 위해 '도덕적 선', '시민적 선' 그리고 '영적 선'으로 선을 구별합니다. 이렇게 선을 구별하는 것이 옳을까요?

29. 선과 덕을 행해도 하나님을 믿지 않으면 모두 죄의 노예인가요?

가톨릭에서는 하나님을 믿지 않는 사람들이 행하는 선과 덕을 예로 들면서, 아담이 타락한 이후에도 모든 사람이 여전히 죄를 짓지 않고 하나님께 인정받을 만한 선행을 할 수 있다고 주장합니다. 그러나 이러한 주장은 두 가지 점에서 잘못된 것입니다.

첫째, 하나님을 믿지 않는 사람들이 행하는 선과 덕은 행위 자체로는 외적인 측면에서 하나님의 계명에 일치하는 것이기 때문에 어느 정도 선한 것이라고 말할 수는 있습니다. 그럼에도 불구하고 그 선행의 목적을 향한 의도가 내적으로 정직해야 하기 때문에 적절하고도 엄격한 의미에서는 선이라고 할 수 없습니다. 좀 더 구체적으로, 어떤 행동이 영적 의미에서 하나님께 인정받을 만한 선행이기 위해서는 다음의 세 가지 조건이 이루어져야 합니다. 첫째는, 믿음으로 깨끗해진 마음에서 나오는 행동이어야 합니다(행 15:9). 왜냐하면 "믿음을 따라 하지 아니하는 것은 다 죄"이며(롬 14:23), "믿음이 없이는 하나님을 기쁘시게 하지 못"하기 때문입니다(히 11:6). 하지만 믿음이 없으므로 마음이 깨끗해지는 은혜를 받지 못한 자들에게는 "아무것도 깨끗한 것이 없고 오직 그들의 마음과 양심이 더러"울 뿐입니다(딛 1:15). 둘째는, 하나님의 계명에 외적으로 일치할 뿐만 아니라, 특별히 내면적인 마음의 순종에서 비롯되는 것이어야 합니다. 하지만 아담 이후 죄의 상태에 있는 사람들은 육신에 속하여 신령하지 못하며 '죄 아래에 팔린' 자들입니다(롬 7:14). 셋째는, 행동의 목적이 하나님께 영광을 돌리기 위한 것이어야만(고전 10:31) 영적 의미에서의 선이라 할 수 있습니다. 이 세 가지 조건 가운데 모두를 충족할 때라야 하나님이 받으실 만한 선이라 할 수 있으며, 어느 한 가지라도 부족하다면 그것은 영적 의미에서의 선이라 할 수 없습니다.

둘째, 하나님을 믿지 않는 사람들이 행하는 어떤 선과 덕이라는 것은 참된 의미에서 하나님을 기쁘시게 할 만한 선은 아니지만, 그것 자체도 이미 하나님의 도움이 없이는 불가능한 것입니다. 만일 하나님을 믿지 않는 어떤 사람이 의로움과 선함과 지식과 절제와 자비와 긍휼 등 어느 것에 있어서 다른 이들보다 탁월한 행동을 한다면, 그것은 그가 아담의 타락 이후에도 훌륭하며 선한 성품을 가지고 있기 때문이 아니라, 하나님이 그의 부패성을 어느 정도 제어하고 그를 죄의 정욕 가운데 완전히 내버려 두지 않은 채 특별한 도움을 베푸셨기 때문입니다. 하나님의 도움이 없다면, 불순종의 아들들 가운데 역사하는 공중의 권세 잡은 자, 곧 마귀에게 종노릇하며 육체의 욕심을 따라 지낼 수밖에 없는 것이(엡 2:2-3) 아담의 타락 이후 죄의 상태에 놓여 있는 모든 사람의 비참한 운명입니다. 하나님은 실로 당신을 저주하는 자들에게도 선과 복을 베푸는, 자비와 긍휼이 풍성한 분이십니다(시 145:9, 15-16; 마 5:44-45; 눅 6:35-36; 행 14:16-17).

요컨대 하나님을 믿지 않는 사람들이 행하는 선과 덕은 행동 그 자체로는 죄가 아닙니다. 하지만 행하는 양식과 목적 등에 있어서는 진정한 의미에서 선으로 인정받기 위한 필수적인 조건들을 이루지 못한 것들입니다. 이런 의미에서 아담 이후 죄의 상태에 있는 모든 사람은 죄에 끌려다니는 죄의 노예입니다. 그렇지만 하나님을 믿지 않는 자들이 행하는 선과 덕은 참된 것이 아니므로 행하지 않는 것이 더 낫다고 말해서는 안 됩니다. 하나님이 금하신 것들을 행하지 않는 것은 동기와 목적이 어떠하든지 행하는 것보다 더 나은 것이기 때문입니다.

더 깊은 질문 세상에서 선을 행하는 불신자에게 하나님을 믿지 않는 불신앙을 이유로 들어 여전히 죄의 노예라고 하는 것이 정당할까요? 불신자의 선행이 타락한 인류에게도 베푸시는 하나님의 도우심 때문에 가능한 것이었음을 생각할 때, 하나님이 죄의 영향력을 이겨 낼 힘을 어느 정도 주신 것으로 보는 것이 옳지 않을까요?

하나님의 형상을 회복할 수 있는
유일한 소망은 예수 그리스도입니다.

아담이 남긴 매일의 슬픔과 고통을
우리는 예수 그리스도의 복음으로
벗어나야 합니다.

행위가 아닌 그리스도의 공로만이
유일한 생명의 길이 됩니다.

인간은 타락한 이후에도 여전히 남아 있는
이성, 감성, 도덕성, 자유 의지를
죄의 영향력 아래 사용하는 죄의 종입니다.

에덴동산은 흔적조차 남아 있지 않습니다.
그러나 모든 성도에게는 진정한 에덴동산이
하늘에 예비되어 있습니다.

영적인 선과 악 사이에 중립 지대는 없습니다.
하나님과 함께하지 않으면 도덕적으로 선이라 할지라도
영적으로는 악이며 또한 죄일 뿐입니다.

그리스도의 은혜가 없다면
모든 죄는 영원한 심판을 모면할 수 없습니다.

3부

성도의
삶과
죽음에
대하여

예수 그리스도를 믿음으로 죄의 용서를 받은
의인들은 거룩한 새 예루살렘에서 영원한
생명을 누리며 살게 될 것입니다. 그곳이 곧
천국이며 하나님 아버지의 집입니다.

30.   '그리스도 안에' 있다는 것은
                        무슨 뜻인가요?

성경을 읽다 보면 '그리스도 안에(서)', '그리스도와 함께' 또는 '그리스도께서 너희 안에'라는 표현을 종종 만나게 됩니다. 이러한 표현들은 각각의 문맥에 따라 정확한 의미가 결정되어야 하지만, 일반적으로는 하나님의 자녀들이 예수 그리스도와 함께 연합되어 있음을 나타내는 표현입니다. '그리스도와의 연합'이라는 말은, 하나님의 자녀이며 백성의 공동체인 교회는 그 존재의 근거와 원리가 그리스도로 말미암음을 뜻합니다. 그것은 교회를 구성하는 각각의 신자들이 그리스도에게로 나아감으로써 이들이 모여 교회를 이루는 것이 아니라, 신자들의 공동체로서의 교회가 객체적으로 이미 그리스도 안에 존재하며, 교회의 머리이신 그리스도로부터 교회가 기원을 갖는다는 것을 의미합니다.

교회와 신자는 흔히 생각하는 것처럼 부분들이 모여서 하나의 전체를 새롭게 구성하는 것이 아니라, 이미 전체가 존재하고, 그 전체를 통하여 각각의 부분들이 그 안에서 자신의 존재를 확인받는 유기적 관계입니다. 어떻게 그럴 수 있을까요? 그것은, 각각의 신자는 성령님이 행하시는 신비한 중생의 사역을 통해 그리스도에게로 나오지만, 전체로서의 교회는 이미 그리스도 안에 있기 때문입니다. 말하자면 하나님의 백성의 공동체인 교회와 교회의 머리이신 그리스도는 서로 신비한 연합의 관계를 이루고 있기 때문에, 전체로서의 교회와 그 안에 속한 각각의 신자들은 서로 유기적 관계를 갖게 되는 것입니다. 예를 들어, "나는 포도나무요 너희는 가지라 그가 내 안에, 내가 그 안에 거하면"(요 15:5. 고전 6:15-19; 엡 1:22-23, 4:15-16, 5:29-30 참조)의 표현은 그리스도께서는 신자들을 돌보고, 신자들은 그리스도를 그리고 신자들 서로를 섬기는 유기적 특징을 보여 줍니다. 성경은 그리스도와 그분의 백성의 신비한 연합을 가리키기 위해 여러 가지 비유를 말해 줍니다. 예를 들어, 포도나무와 가지(요 15:5), 남편과 아내(엡 5:23-32), 머리와 몸(엡 4:15-16) 그리고 건물의 초석과 건물(벧전 2:4-5) 등입니다.

그리스도의 백성이 그리스도에게서 생명과 능력, 영적인 복과 구원을 누릴 수 있게 되는 것은 이러한 연합에 힘입은 까닭입니다. 이를테면, 그리스도께서는 당신과 유기적 연합을 이루고 있는 신자들을 소생시켜 영원한 생명력을 공급하며 이들을 하나님께로 인도하십니다(롬 8:10; 고후 13:5; 갈 4:29-30). 뿐만 아니라, 그리스도께서는 성령님을 통하여 신자들 안에 내주하며(고전 6:17, 12:13; 고후 3:17-18; 갈 3:2-3) 이들을 당신과 연합시키실 뿐만 아니라, 서로를 신앙으로 연합시켜 거룩한 하나의 공동체로서 사랑 가운데 성장하도록 하십니다(요 14:20, 23, 15:1-7; 고후 5:17; 갈 2:20; 엡 3:17). 그리하여 마침내 당신의 백성으로 하여금 마지막 날에 그리스도의 영화로운 형상을 입은 자로 변화되는 영광을 누리게 하십니다

"그는 만물을 자기에게 복종하게 하실 수 있는 자의 역사로 우리의 낮은 몸을 자기 영광의 몸의 형체와 같이 변하게 하시리라"(빌 3:21).

'그리스도 안에', '그리스도와 함께'라는 성경의 표현들은 이와 같은 모든 놀라운 영적 부요를 함축적으로 약

속하고 있으며, 또 이 약속을 보증하는 지극히 아름답고 신비로운 의미를 담고 있습니다.

더 깊은
질문 성도는 그리스도를 믿음으로 그리스도의 교회에 속합니다. 그리스도를 믿으면 그리스도와 연합을 이루며 교회 공동체의 일원으로 구원의 복을 누립니다. 그러면 그리스도를 믿는 개별 신자가 먼저 나타나고 이들이 모여서 자연스럽게 교회를 이루는 것이 아닐까요? 그리스도의 교회가 먼저 존재하고 각 신자가 믿음으로 그리스도와 연합을 이루며 그리스도의 교회 안에 가입되게 된다는 설명이 타당한가요?

31.   기도는 성부, 성자, 성령 하나님 중 누가 받으시나요?

우리는 하늘에 계신 하나님 아버지께 기도를 드립니다. 이것은 설명할 필요가 없는 매우 자명한 일인 것 같습니다. 하지만 보는 것처럼 그렇게 간단한 문제는 아니어서 교리사적 맥락을 살펴보면 동방교회와 서방교회 모두에서 이 질문에 답하기 위한 깊은 신학적 토론이 있었습니다. 두 교회에서 각기 내린 결론은 성부 하나님만이 아니라 삼위일체 하나님 모두가 기도를 받으시는 분이라는 것으로 모아졌습니다.

왜 이런 결론에 이르렀을까요? 그 까닭은 삼위일체 하나님이 우리 피조물에게 있어서 '하나님 아버지'이시기 때문입니다. 신적 본질에 있어서 똑같으신 성부, 성자, 성령님이 모두 하나님으로서 우리의 아버지이시기에, 우리가 예수님의 이름으로 하나님 아버지께 기도할 때, 우리는 성부, 성자, 성령의 세 위격으로 계신 한 하나님, 곧 삼위일체 하나님께 기도하는 것입니다.

우리는 흔히 성부 하나님만을 가리켜 '하나님 아버지'로 일컫습니다. 성부 하나님은 분명 성자, 성령 하나님과 구별되는 '아버지 하나님'이십니다. 하지만 이렇게 성자, 성령과 구별해서 성부 하나님을 '하나님 아버지'라 하는 것은 성부, 성자, 성령의 세 위격이 내재적 관계 안에서 구별될 때 가능한 일입니다. 이와는 달리 성부, 성자, 성령의 삼위일체 하나님이 대외적으로 피조물을 향하여 어떤 사역을 행하실 때는 세 위격 모두 그리고 각각이 동일한 본질의 하나님으로서 피조물을 향한 '하나님 아버지'가 되십니다. 그렇기에 우리의 기도를 받으시는 하나님은 성부만이 아니라 성자, 성령이시기도 합니다.

요한복음 17장을 보면 예수님이 기도 가운데 한편으로는 삼위일체 하나님을 '하나님 아버지'로 부르면서, 또 다른 한편으로는 성부 하나님을 '하나님 아버지'로 부르고 계십니다. 이것은 예수님이 참사람이면서 또한 참 하나님인 성자 하나님이시기 때문입니다.

그러면 예수님은 하나님이시니 당신의 기도를 스스로 받게 되는 것이 아닐까요? 우선 중보자이신 예수님이 인성에 따라서 우리를 대신하여 기도를 드릴 때 그분은 기도를 드리는 분이지 기도를 받으시는 분이 아닙니다. 그렇지만 그 예수님은 또한 신성에 따라서는 완전한 하나님이시기에 성자 하나님으로서는 기도를 받으시는 분입니다. 그러니까 예수님은 인성에 따라서는 기도를 드리시지만, 신성에 따라서는 기도를 받으십니다. 이것은 성자의 한 위격에 신성과 인성의 두 본질이 연합되어 있는 까닭에서 비롯되는 매우 신비로운 사실입니다.

더 깊은 질문 그리스도께서는 신성에 따라 하나님이며 기도를 받으시는 분인데 굳이 우리를 위하여 또는 대신하여 기도할 필요가 있으실까요?

32.

은혜 언약은 조건적인가요, 무조건적인가요?

은혜 언약이란 하나님이 죄인인 인간과 그리스도 안에서 은혜로 조건 없이 맺으시는 약속입니다. 이 언약 안에서 하나님은 그리스도로 인하여 택하신 죄인의 죄를 용서하고 구원하는 약속을 하시며, 사람은 하나님의 약속과 은혜에 의지하여 믿음과 회개를 약속합니다. 이러한 은혜 언약은 하나님이 약속하시는 구원의 축복들과 더불어 인간이 하나님의 약속을 받아 누리기 위하여 마땅히 행해야 할 믿음과 회개와 같은 의무들을 담고 있습니다(요 3:16, 36; 롬 10:9; 롬 6:4-6; 고전 5:7; 엡 4:22-24 참조).

위의 질문은 은혜 언약 안에서 요구되는 인간이 행할 의무들이 은혜 언약과 관련하여 조건적 의미를 갖는가에 대한 것입니다. 만일 의무들이 은혜 언약의 실행과 관련하여 어떠한 의미에서도 조건적이지 않다고 한다면 신앙과 거룩한 순종의 필요성이 손상을 입을 것이며, 그럴 경우에는 무율법적 방종을 초래하는 위험이 나타날 수 있습니다. 그렇지 않고 의무들이 은혜 언약과 관련하여 조건적인 것이라면 율법과 복음의 약속이 혼동되지 않을 수 없으며, 그럴 경우 실질적으로는 율법과 복음이 동일하게 순종에 기초한 구원을 가르치는 것이 되어서 결국에는 율법주의를 초래하는 위험이 나타날 수 있습니다.

대답에 따라서 나타날 결과의 심각성을 생각하면 대답이 자못 어렵게 여겨질지 모르지만, 조건성과 관련한 의미들을 구별해서 보면 생각보다 간단하게 답을 찾을 수 있습니다. 우선 이 질문의 조건성이 은혜 언약 안에서 사람이 행해야 할 신앙의 의무들이 그 언약을 언약으로 가능하게 하기 위한 선행적이며 공로적인 조건인가를 묻는 것이라면, 은혜 언약은 절대적으로 무조건적입니다. 은혜 언약은 오직 하나님의 호의와 긍휼에 근거하고 있을 따름이기 때문입니다. 그러나 은혜 언약을 받아 누리는 수단으로 하나님이 지정하신 조건인가를 묻는 것이라면, 은혜 언약은 조건적입니다. 누구라도 예수 그리스도를 믿지 않고는 그리스도의 구원의 은혜를 받을 수 없습니다. 그리스도를 믿는 믿음은 그리스도의 은혜를 받기 원하는 사람이면 누구라도 순종해야 하는 조건입니다.

그렇지만 회개하고 예수 그리스도를 믿는 일이 죄인 스스로가 취하여 행하는 것이 아니라 이것들조차도 하나님이 은혜로 주신다는 사실에서(엡 1:17; 2:8; 살전 1:5; 롬 10:17; 마 16:16; 행 11:18) 은혜 언약의 수단적 조건성은 도리어 은혜 언약의 무조건적인 하나님의 은혜를 더욱 드러내 줍니다. 믿음과 회개의 가능성은 사람이 스스로 결정하는가, 아니면 하나님의 은혜로 되는가의 견해의 차이가 알미니안주의자들과 개혁주의자들을 구분해 줍니다. 개혁주의 신학은 은혜 언약을 실행하는 방편으로서의 조건성을 인정하지만, 그것조차도 하나님의 은혜에 의하여 가능성이 열리는 '오직 은혜'로 인한 조건성임을 확고히 합니다.

더 깊은 질문 은혜 언약은 은혜의 구원을 받기 위해 사람이 행해야 할 의무를 구원의 조건으로 삼지 않는다고 합니다. 그러나 예수 그리스도를 믿는 믿음이 없이는 누구도 구원을 받을 수 없다면 그리스도를 믿는 믿음이 조건이 될 것입니다. 그렇다면 죄인에게 구원을 위하여 믿음의 행위를 요구한다는 점에서 은혜 언약은 조건적이라고 해야 하지 않을까요?

33. 모든 이에게 복음의 초청을
할 필요가 있나요?

개혁파 신학은 예수님의 대속의 은혜가 인류 보편을 대상으로 주어지는 것이 아니라, 오직 선택받은 자들에게만 제한적으로 적용된다고 믿습니다. 하나님의 구원의 은혜가 '온 세상' 또는 '모든 사람'을 위하여 주어지는 것처럼 보이는 성경의 구절들은(요 3:16; 딤 2:11) 나라와 민족, 남자와 여자, 주인이나 종 등 그 어떤 구별과 차별 없이 모든 계층과 대상에 은혜가 두루 미치고 있음을 말씀하는 것이지, 혹자가 잘못 주장하듯 보편 속죄나 보편 구원을 말씀하는 것이 아님을 유의해야 합니다.

그렇다면 "수고하고 무거운 짐 진 자들아 다 내게로 오라 내가 너희를 쉬게 하리라"(마 11:28)라는 예수님의 말씀은 모든 사람을 향해 전할 수 없는 것일까요? 그렇지 않습니다. "땅의 모든 끝이여 내게로 돌이켜 구원을 받으라 나는 하나님이라 다른 이가 없느니라"(사 45:22)라는 구약의 말씀이나, "성령과 신부가 말씀하시기를 오라 하시는도다 듣는 자도 오라 할 것이요 목마른 자도 올 것이요 또 원하는 자는 값없이 생명수를 받으라 하시더라"(계 22:17)라는 신약의 말씀은 제한된 사람들에게만이 아니라 보편적인 모든 사람을 향하여 복음의 초청을 하고 있기 때문입니다.

특별히 선교 및 설교와 관련한 예수님의 명령, "너희는 온 천하에 다니며 만민에게 복음을 전파하라 믿고 세례를 받는 사람은 구원을 얻을 것이요 믿지 않는 사람은 정죄를 받으리라"(막 16:15-16)라는 말씀은 선교 및 설교의 대상을 제한하지 않고 있음을 분명하게 교훈합니다. 이러한 예수님의 말씀은 이미 영원한 선택을 받은 자들이 누구인지를 가려내는 것은 우리에게 속한 일이 아님을 또한 전제하고 있습니다. 설교자나 전도자는 하나님의 영원한 작정에 따른 선택의 예정을 염두에 두고 복음을 전해서는 안 됩니다. 하나님의 작정적 의지는 인간에게는 가려져 있는 비밀한 것이기 때문입니다. 오직 전도자는 모든 이를 향하여 복음을 전하라는 하나님의 교훈적 의지에 따라 모든 이를 향하여 그리스도의 속죄의 은혜를 전하고, 회개하여 구원을 받을 것을 권해야 합니다.

또한 "회개하고 그리스도를 믿으라. 그리하면 영생을 얻으리라"라는 복음의 초청은 "내가 거룩하니 너희도 거룩할지어다"(레 11:45)라는 하나님의 율법과도 같은 교훈적 의지에 속합니다. 이것은 인간들이 마땅히 순종해야 할 하나님의 명령이며, 인간들이 순종할 경우 하나님께서 매우 기뻐하시는 명령입니다. 이스라엘 백성 가운데 하나님의 택함을 받은 자녀들만이 율법에 순종할 것이지만 이스라엘 모두에게 율법을 알리신 것처럼, 인류 가운데 하나님의 택함을 받은 자녀들만이 복음에 순종할 것이지만 인류 모두를 향하여 복음을 전하도록 명하신 것입니다. 이 복음의 초청을 듣고 회개하여 그리스도를 영접하는 자로 하여금 그리스도의 대속의 은혜를 누리도록 하는 것이 하나님께서 정하신 구원의 방식인 것입니다. 따라서 그리스도의 제한 속죄를 믿는 개혁파 신도들은 모든 인류를 대상으로 복음을 설교하고 전파하는 전도와 선교의 일에 힘을 다해야 합니다. 그것이 하나님께서 기뻐하시는 교훈이기 때문입니다.

> **더 깊은 질문**
>
> 제한 속죄, 곧 예수님이 대리 속죄한 대상이 제한되었음에도 누구에게나 '그리스도를 믿으면 영생을 얻을 것' 이라는 복음의 메시지를 전하는 것을 정직하다고 할 수 있을까요?

34. 성도의 부활은 구약성경에서도 증거되고 있나요?

부활은 기독교에서 중요한 핵심 교리 가운데 하나입니다. 이러한 핵심적인 부활의 교리가 신약성경에만 근거하고 있을 뿐, 구약성경에는 없다고 말하는 어떤 이들의 주장은 매우 잘못된 것입니다. 이들은 구약성경이 부활을 말하는 듯한 구절들은(예를 들어, 사 26:14; 암 5:2, 14; 겔 37:1-3) 육체의 실제적 부활이 아니라, 마치 어려움과 환난 가운데서 구원받은 것을 가리켜 '다시 살아났다'고 말하는 하나의 비유적 표현일 뿐이라고 주장합니다. 구약성경의 많은 구절이 비유적 의미에서 부활을 말하고 있는 것은 어느 정도 사실입니다. 하지만 그렇다고 실제적으로 육체가 부활할 것이라는 교리가 구약성경에는 없다고 말하는 것은 옳지 않습니다. 예를 들어, 욥기 19장 25-27

절은 "내가 알기에는 나의 대속자가 살아 계시니 마침내 그가 땅 위에 서실 것이라 내 가죽이 벗김을 당한 뒤에도 내가 육체 밖에서 하나님을 보리라 내가 그를 보리니 내 눈으로 그를 보기를 낯선 사람처럼 하지 않을 것이라"라고 부활에 대한 소망을 밝히고 있습니다. 이사야서 또한 "주의 죽은 자들은 살아나고 그들의 시체들은 일어나리이다 티끌에 누운 자들아 너희는 깨어 노래하라 주의 이슬은 빛난 이슬이니 땅이 죽은 자들을 내놓으리로다"(사 26:19)라고 부활을 암시합니다.

무엇보다도 구약성경에 이미 부활의 교리가 계시되고 있다는 사실은 예수님과 사도들에 의해서 증거됩니다. 마태복음 22장에서 예수님은 부활이 없다고 하는 사두개인들에게 출애굽기의 말씀, "나는 … 아브라함의 하나님, 이삭의 하나님, 야곱의 하나님이니라"(출 3:6)라는 구절을 인용하며 부활을 입증하셨습니다. 이 말씀은 곧 하나님은 죽은 자의 하나님이 아니라 산 자의 하나님이시므로, 아브라함, 이삭, 야곱 이 세 족장은 육체로는 죽었으나 하나님 앞에서 산 자이며, 부활을 통해 영생을 누릴 소망을 기다리고 있는 자들임을 말해 준다는 것이 주님의 논증이었습니다. 즉 이미 구약성경에도 부활의 소망은 교훈되고 있는 것입니다.

오순절 날 성령이 강림한 놀라운 역사적 현장에서 베드로 사도가 설파한 설교에는 구약에 기초한 부활의 논증이 더욱 뚜렷하게 나타나 있습니다. 베드로는 예수 그리스도의 부활을 선포하면서 다윗의 시인 시편 16편 8-11절을 인용합니다. 이 본문이 직접적으로는 그리스도의 부활을 가리키지만, 다윗은 또한 그리스도로 인한 자신의 부활을 간접적으로 노래하고 있음을 주의해 볼 것을 요구합니다.

"형제들아 내가 조상 다윗에 대하여 담대히 말할 수 있노니 다윗이 죽어 장사되어 그 묘가 오늘까지 우리 중에 있도다"(행 2:29).

그러면서 다윗의 묘가 우리 앞에 있으니, 시편 16편이 노래하는 부활은 자신의 후손으로 오시는 그리스도의 부활을 미리 보고 노래한 찬송이라고 선포합니다. 그러면 다윗은 왜 "내 영혼을 스올에 버리지 아니하시며 … 주께서 생명의 길을 내게 보이시리니"(시 16:10-11)라고 자신의 부활을 노래하고 있는 것일까요? 그것은 다윗이 그리스도의 부활만을 노래하고 있는 것이 아니라, 그리스도의 부활을 통해 자신의 부활도 또한 바라보고 있기 때문입니다. 다음에 이어서 나오는 시편 17편 15절에서도 다윗은 "나는 의로운 중에 주의 얼굴을 뵈오리니 깰 때에 주의 형상으로 만족하리이다"라고 부활의 소망을 노래하고 있습니다. 여기에 다니엘 12장 2절, "땅의 티끌 가운데에서 자는 자 중에서 많은 사람이 깨어나 영생을 받는 자도 있겠고 수치를 당하여서 영원히 부끄러움을 당할 자도 있을 것이며"라는 말씀을 덧붙인다면 앞의 질문에 대한 대답이 분명해질 것입니다.

더 깊은
질문

성도가 부활할 것이라는 증언은 예수 그리스도의 행적을 적은 신약성경에서만 볼 수 있다는 주장에 대해 당신은 어떻게 반박할 수 있나요? 구약성경은 부활에 대해 무엇이라 말하나요? 구약성경이 부활에 대해 말하고 있음을 신약성경이 언급하고 있나요?

35.

부활하면 죽었던 몸이
다시 살아나나요?

어떤 점에서는 그렇고, 어떤 점에서는 그렇지 않습니다.
한편으로 부활은 영이 나타나는 것이 아니라 몸이 다시
살아나는 것입니다. 어떤 이들은 사람이 죽고 나면 그
몸이 해체되고 썩을 뿐만 아니라 몸의 화학 성분들도 다
른 개체를 구성하는 데 사용되므로 죽은 몸이 부활할
수는 없다고 말하는데, 이들의 주장은 잘못입니다.

　부활하게 되면 부활한 본인은 물론 다른 이들도 부
활한 그가 부활 전에 누구였는지를 압니다. 예를 들어,
예수님이 부활하여 당신을 제자들에게 나타내 보이셨
을 때 제자들이 본 예수님은 단순한 환영이 아니었습니
다. 죽은 자의 부활에 대해 듣거나 본 적이 없던 그들
은 부활하신 예수님을 뵈었을 때 너무 놀라며 두려워

했습니다. 그들은 예수님이 실제로 부활하신 것이 아니라, 자신들이 단지 환영을 보고 있는 것으로 여겼습니다(눅 24:37). 하지만 두려워하며 당신의 몸이 실제로 부활한 사실을 보고도 의심하던 제자들을 향해 예수님은 "내 손과 발을 보고 나인 줄 알라 또 나를 만져 보라 영은 살과 뼈가 없으되 너희 보는 바와 같이 나는 있느니라"(눅 24:39)라고 이르며 꾸짖으셨습니다.

물론 죽었던 몸에서 사용되었던 화학적 성분이 부활의 몸에도 그대로 사용되는지의 여부에 대해서는 알 수 없습니다. 지금으로서는 죽은 몸과 부활한 몸 사이의 실체적 동일성을 유지하는 물리적 연관성에 대해서는 아는 바가 전혀 없습니다. 하지만 부활한 자는 죽었을 때와 똑같은 인성을 가지며, 인격의 동일성을 유지합니다. 그런 의미에서 부활은 죽었던 몸의 부활인 것입니다.

다른 한편으로는, 성경을 보면 엠마오로 가던 두 사람의 경우와 같이 부활하신 예수님을 보고도 눈이 가려져 있어 알아보지 못했으나 후에 그들의 눈이 밝아져 비로소 알아보게 되었던 일도 있습니다. 예수님은 그들이 주님인 줄을 알아본 후에 그들에게서 사라져 버리셨습니다(눅 24:13-35). 또 부활한 주님이 제자들을 향하여 숨을 내쉬며 성령을 부어 주신 일 그리고 아버지에게 돌아가야 할 것이므로 당신의 몸을 만지지 말라고 마리아에게 말씀하신 일 등은 부활하신 예수님의 몸이 놀랄 만한 변화를 겪었으며, 이전과는 다른 몸임을 말해 줍니다. 여기서 부활의 몸이 승천하시기 이전 동안에는 아직 완전한 영화의 모습이 아닌 듯합니다. 이렇게 볼 때 부활의 몸은 죽었던 몸과는 다르다고 할 수도 있습니다.

그리스도 안에 있는 우리의 부활은 어떨까요? 우리는 부활한 즉시 완전한 영화를 누리게 될 것입니다. 우리의 부활은 예수님의 재림이라는 종말의 정점에서 이루어질 일이기 때문입니다. 종합하면, "썩을 것으로 심고 썩지 아니할 것으로 다시 살아나며 욕된 것으로 심고 영광스러운 것으로 다시 살아나며 약한 것으로 심고 강한 것으로 다시 살아나며 육의 몸으로 심고 신령한 몸으로 다시 살아나나니"(고전 15:42b-44a)라고 한 바울의 말이 시사하듯이, 부활의 몸은 죽었던 몸과 인격적 동일성을 유지하면서도 영화롭게 변화된 상태로 다시 살게 되는 몸입니다.

더 깊은 질문　우리는 몸이 부활할 것을 믿습니다. 몸의 부활이 없다는 사람의 잘못된 주장을 어떻게 반박할 수 있을까요? 또한 부활한 몸이 내 몸이라는 인식을 무엇으로 가질 수 있을까요?

36.   부활로 인해 누리는 유익은 무엇인가요?

그리스도와 연합하여 하나님의 자녀가 된 의인은 모두 주님이 재림하실 때 부활합니다. 그런데 이들뿐만 아니라 하나님을 마음에 두기 싫어하며 마음의 정욕대로 미련하고 악하게 살았던 악인들도 부활을 합니다(단 12:2; 요 5:28-29; 행 24:15; 계 20:13-15). 의인과 악인이 모두 부활한다는 점에서는 같지만, 부활로 인한 유익을 살펴볼 때 의인과 악인의 부활은 완전히 다른 의미를 갖습니다.

먼저 의인들이 부활하는 까닭은 의인들의 중보자이신 그리스도께서 죽음을 이기고 부활하셨기 때문입니다. 그리스도와 연합한 의인들은 자신들을 위하여 그리스도께서 죽음의 값을 치르고 획득하신 의로움에 참여합니다. 아울러 그리스도의 능력을 힘입어 다시 살아나 새로운 생명이라는 은택을 영원히 누립니다(고전 15:16; 롬 4:25, 6:4, 8:11; 골 3:1-3; 엡 2:5-6; 빌 3:20-21; 벧전 1:3). 하지만 이러한 부활의 영광이 의인들에게 정말로 일어날 것을 어떻게 알 수 있습니까? 그것은 이미 일어났던 그리스도의 부활을 통해서 확신할 수 있습니다. 성경은 이에 대해 다음과 같이 말씀함으로 분명한 대답을 주고 있습니다

"그리스도께서 죽은 자 가운데서 다시 살아나셨다 전파되었거늘 너희 중에서 어떤 사람들은 어찌하여 죽은 자 가운데서 부활이 없다 하느냐"(고전 15:12).

"그러나 이제 그리스도께서 죽은 자 가운데서 다시 살아나사 잠자는 자들의 첫 열매가 되셨도다"(고전 15:20).

즉 그리스도의 부활은 그리스도 안에 있는 모든 의인이 그리스도와 같이 영광의 부활을 할 것이라는 약속에 대한 가장 확실한 보증이며 증거라는 것입니다.

반면에 악인의 부활은 그 의미가 완전히 다릅니다. 악인들이 부활하는 까닭은 그리스도의 구원의 은혜로 인한 것이 아닙니다. 악인들은 육체와 영혼이 분리됨으로 이 세상에서 죽음을 겪은 후에 곧바로 영원한 형벌을

받아야 마땅하지만, 그리스도께서 재림하실 때까지 형벌의 집행이 미루어진 채 음부에 머물러 있는 중간 상태에 거하게 됩니다. 주님의 재림의 때에 있게 될 악인의 부활은 바로 중간 상태에서 악인들을 불러내어 육체와 다시 연합시켜 영원한 죽음이라는 형벌을 받도록 하기 위한 것입니다.

요컨대 의인이나 악인이나 부활을 통하여 몸과 영혼이 새롭게 연합을 이루게 된다는 점은 공통적이나, 의인의 부활은 그리스도의 구속의 사역에 근거한 것인 반면에 악인의 부활은 하나님의 공의의 심판에 근거한 것이라는 점에서 전혀 다른 의미를 지닙니다. 의인은 부활을 통하여 영원한 생명을 누리는 반면에, 악인은 영원한 죽음이라는 진노의 형벌을 받게 됩니다.

의인이나 악인이나 모두 부활을 통해 새로 입게 될 부활의 몸은 죽었던 몸과 인격적 동일성을 유지할 것입니다. 그러나 의인이 입게 될 부활의 몸은 영화롭게 변화된 상태로 다시 살게 되는 몸이겠지만, 악인의 몸은 영원한 진노를 받으나 썩지도 죽지도 않는 몸일 것입니다(단 12:2; 마 13:42, 22:13, 25:30; 막 9:43; 눅 16:19-31; 계 20:11-15). 우리를 두렵고 무서운 영원한 하나님의 진노에서 구해 내신 그리스도의 구속의 은혜를 찬양합시다.

주님이 재림하시는 날 우리의 몸과 영혼이 다시 결합하여 부활
함으로써 우리는 그리스도의 의의 순종으로 인하여 죄로 인해
사망의 권세 아래 있던 일에서 완전히 벗어나 새로운 생명을 누
리게 됩니다. 악인의 부활도 그리스도의 공로에 의한 부활일까
요? 아니라면 악인의 부활은 어떻게 가능할까요?

37. 죽은 후에도 복음을 듣고 구원받을 수 있나요?

그럴 수 없습니다. 상당수의 사람들은 복음을 듣지 못한 채 죽은 사람이 그리스도를 믿지 않았다고 해서 심판을 받는 것은 부당하다고 생각합니다. 그들은 누구에게나 복음에 순종할 기회가 주어져야만 공평하다고 생각하기 때문에, 하나님이 그렇게 하신다면 공의에 어긋나는 일이라고 주장합니다. 더욱이 하나님은 공의의 하나님이실 뿐만 아니라 사랑의 하나님이시므로 복음을 듣지 못한 채 죽은 그들에게 죽은 후에라도 복음을 들을 기회를 줌으로써 그들에게도 구원의 기회를 주실 것이라고 확신합니다.

이들의 이러한 주장의 바탕에는, 사람이 정죄를 받는 까닭은 그들에게 복음이 전해졌을 때 그들이 그 복음을 완악하며 완고한 태도로 받아들이지 않고 불순종했던 탓이라는 생각이 깔려 있습니다. 하지만 이들의 주장을 뒷받침하는 성경의 구절들은 찾을 수가 없습니다. 이러한 주장은 단지 하나님은 사랑이며 공의로우시다는 생각에 예수 그리스도께서는 모든 인류의 죄를 대속하기 위해 죽으셨다는 생각을 더해서 임의대로 추론을 사색해 놓은 것입니다. 그리스도를 믿지 않고 죽은 사람들이 복음을 듣기 위해서는 이들에게 복음을 전하는 자들이 있어야 하는데, 복음을 듣고 순종한 의인은 모두 죽은 후에 바로 그리스도께서 계신 낙원으로 가기 때문에 이들에게 복음을 전할 수 없습니다. 그렇기에 이러한 주장을 하는 자들은 그리스도께서 그들에게 직접 복음을 전하신다고 생각합니다.

이들이 제시하는 성경의 근거 구절은 베드로전서 3장 19절과 4장 6절입니다. 하지만 이 구절들이 그들의 주장을 뒷받침한다는 것은 그들이 이 구절을 자의대로 해석한 탓입니다. '옥에 있는 영들에게' 또는 '죽은 자들에게도' 복음이 전파된다는 구절은 복음이 전파되는 시점에 그들이 옥에 있거나 죽은 자들임을 말하는 것이 아닙니다. 오히려 이 구절들은 그들이 살아 있을 때 복음이 전파되었으나 그때 불순종하여 지금은 죽었으며,

또한 옥에 있다는 사실을 말해 줄 따름입니다. 즉 4장 6절은 "이를 위하여 〔지금은〕 죽은 자들에게도 〔그들이 살아 있을 때 이미〕 복음이 전파되었으니"로 해석되어야 합니다. 또한 3장 19절의 '영으로'는 18절의 '영으로'와 같이 '하나님의 영'을 뜻하는 것이지, 그리스도의 영혼을 뜻하는 것이 아닙니다. 따라서 3장 19절은 "그〔그리스도〕가 또한 영으로〔하나님의 영으로〕 가서 〔지금은〕 옥에 있는 영들에게 〔그들이 살아 있었을 그때에〕 선포하시니라"로 해석되어야 합니다.

성경은 죽음과 부활 사이, 곧 중간 상태의 기간 동안에 죽은 자들이 복음에 대해 보인 반응이 아니라 오직 그들이 생전에 행한 일에 따라서 심판을 한다고 말씀합니다. 여기서 이들은 스스로 죄를 범하기 이전에 이미 원죄로 인하여 하나님의 심판 아래에 있는 자들임을 기억해야 합니다. 사람들은 복음에 불순종해서 심판을 받는 것이 아니라, 그들의 죄 때문에 심판을 받습니다. 물론 복음에 불순종하는 것은 그 자체가 죄이기에 정죄를 받습니다. 그리스도를 믿지 않아 심판을 받는다는 성경의 말씀이 있지만, 그것은 구원의 길이 그리스도에게만 있음을 교훈하기 위한 것입니다. 그렇기에 복음을 듣고 순종할 기회를 주지 않은 채 이들을 심판한다면 하나님은 공의로운 분이 아닐 것이라는 주장은 매우 잘못된 것입니다. 그리고 하나님의 사랑은 이들 가운데 일부를 선택하여 그들로 하여금 복음에 순종하도록 하신 일에서 나타납니다. 모든 죄인에게 복음을 들을 기회가 전해지지 않는 것은 하나님의 사랑의 문제가 아니라, 그분의 주권에 따른 지혜로운 결정일 따름입니다. 누가 하나님보다 높으며 지혜롭기에 이 일에 대하여 시시비비를 논할 수 있겠습니까? 믿음의 사람들은 겸손히 하나님의 은혜와 사랑에 대해 감사와 찬양을 드려야 할 것입니다.

더 깊은 질문 복음을 듣지 못하고 죽은 자에게 그가 죽은 후에라도 복음을 들을 기회를 주어야 한다는 주장에 대해 어떻게 생각하나요? 왜 그런 기회가 주어져야 할까요? 영벌의 심판은 복음에 불순종했기 때문인가요, 아니면 그가 지은 죄 때문인가요?

38.　　　　　의인들도 최후의 심판을 받나요?

그렇습니다. 그리스도께서 재림하심으로써 나타날 중요한 사건은 마지막 심판입니다. 어떤 이들은 예수님의 재림과 더불어 있게 될 최후의 심판을 부인하고 싶어 합니다. 하지만 성경은 예수님의 재림과 심판에 대해서 확정적으로 예언합니다. 예를 들어, 예수님은 마태복음 25장에서 양과 염소의 비유를 통해 최후의 심판을 확정적으로 교훈하십니다.

"그때에 임금이 그 오른편에 있는 자들에게 이르시되 내 아버지께 복 받을 자들이여 나아와 창세로부터 너희를 위하여 예비된 나라를 상속받으라 … 또 왼편에 있는 자들에게 이르시되 저주를 받은 자들아 나를 떠나 마귀와 그 사자들을 위하여 예비된 영원한 불에 들어가라"(마 25:34, 41).

뿐만 아니라 최후의 심판은 하나님이 공의로운 분이라는 사실에 비추어 볼 때도 부정할 수 없이 확실한 사건입니다. 바울 사도는 이르기를 "너희로 환난을 받게 하는 자들에게는 환난으로 갚으시고 환난을 받는 너희에게는 우리와 함께 안식으로 갚으시는 것이 하나님의 공의시니 주 예수께서 자기의 능력의 천사들과 함께 하늘로부터 불꽃 가운데에 나타나실 때에 하나님을 모르는 자들과 우리 주 예수의 복음에 복종하지 않는 자들에게 형벌을 내리시리니 이런 자들은 주의 얼굴과 그의 힘의 영광을 떠나 영원한 멸망의 형벌을 받으리로다"(살후 1:6-9)라고 했습니다. 그렇습니다. 최후의 심판은 그리스도로 인하여 환난을 받은 자들에게 안식으로 갚으시는 하나님의 공의의 사건입니다. 그러므로 그것은 반드시 있게 될 사건입니다.

또 어떤 이들은 사람이 죽을 때 이미 의인은 낙원으로, 악인은 악인들의 처소인 음부로 분리되기 때문에 굳이 최후의 심판이 있어야 할 이유가 없다고 말합니다. 하지만 최후의 심판은 아직 모르는 미래의 운명을 결정하기 위한 것이 아닙니다. 이미 분리가 이루어진, 낙원에 이른 의인들과 음부에 이른 악인들을 각각 부활의 몸으로 불러내어 마지막 심판을 통해 그들 각각이 받기에 합당한 구원 또는 형벌을 완성하시기 위한 것입니다. 이때 의인은 상급의 심판을 받으며, 악인은 형벌의 심판을 받습니다.

요한계시록 20장 11-12절은 이렇게 말씀합니다.

"또 내가 크고 흰 보좌와 그 위에 앉으신 이를 보니 땅과 하늘이 그 앞에서 피하여 간 데 없더라 또 내가 보니 죽은 자들이 큰 자나 작은 자나 그 보좌 앞에 서 있는데 책들이 펴 있고 또 다른 책이 펴졌으니 곧 생명책이라 죽은 자들이 자기 행위를 따라 책들에 기록된 대로 심판을 받으니."

여기서 오해하지 말아야 할 것은, '행위에 따라서' 구원이 결정된다는 것이 아닙니다. 하나님이 악인들에게는 그들이 악함을 드러내어 영원한 형벌의 심판을 하시며, 의인들에게는 이들이 참 믿음에 따라 맺은 열매를 믿음의 증거로 보이시며 영원한 생명을 주신다는 것을 뜻하는 말입니다. 누구도 자신의 행위로는 구원받지 못합니다. 다만 예수 그리스도의 공로를 믿고 하나님의 은혜에 감사하는 자는 믿음을 주신 성령님의 도움을 받아 성령의 열매를 이루게 될 따름입니다. 하나님은 참 믿음의 증거인 열매를 들어 의인들에게는 상급을 베풀고, 악인들에게는 그들의 입을 막고 심판하는 당신의 공의를 드러내시는 것입니다.

더 깊은
질문

인간은 죽은 후에 악인은 음부로, 의인은 낙원으로 분리되며, 각각 자신에게 맞는 몸을 가지고 부활한 상태에 있습니다. 그런데 굳이 악인과 의인을 심판대 앞에 서게 하시는 이유가 있을까요?

39.
악인들이 받게 될
영원한 형벌이란 무엇인가요?

예수 그리스도께서 재림한 후에 행하실 최후의 심판은
의인과 악인을 영원히 서로 다른 운명으로 분리합니다.
여기서 의인이란 그리스도로 인하여 모든 죄를 용서받
고 그분의 의를 자신의 것으로 삼아 그리스도 안에 있
는 자를 말합니다. 이들은 하늘의 상급을 받고 영원한
천국에서 하나님과 더불어 교통하는 은혜를 누립니다.
반면에 악인이란 그리스도의 은혜를 믿지 않고 자신의
부패한 성품에 이끌려 살아온 그리스도 밖에 있는 자를
말합니다. 그리스도께서는 최후의 심판을 통해서 악인
들에게 영원한 형벌을 선고하십니다.

　악인들이 처하게 될 영원한 형벌은 몇 가지 다른 표현
으로 성경에 기록되어 있습니다. 우선 불못에 던져지는

것입니다(계 20:13-15). 불못과 비슷한 풀무 불이라는 표현도 찾을 수 있습니다(마 13:41-42). 또 다른 것으로는 '바깥 어두운 데'라는 표현도 있습니다(마 8:12). 이러한 표현들이 가리키는 영원한 형벌은 다음과 같은 의미들을 담고 있습니다. 첫째, 하나님의 자비와 긍휼을 조금이라도 기대할 수 없는 완전한 공의의 심판이 이루어지는 형벌입니다. 둘째, 죗값에 주어지는 형벌은 육신뿐 아니라 영혼에도 주어집니다. 셋째, 육신과 영혼이 받는 고통은 무한하며 영원한 극도의 고통입니다. 마지막으로 넷째, 이러한 외적으로 당하는 고통들과 더불어 절망과 비탄과 후회 그리고 자신이 받는 형벌에 대한 분노 등과 같은 심령의 내면적 고통을 받게 됩니다.

요컨대 이 세상에서도 저주스러운 악행들과 비극적 고통을 보면서 지옥이 있다면 그와 같지 않겠는가 말하기도 하지만, 상상조차 하기 어려운 무서운 고통입니다. 그곳에는 긍휼과 사랑과 용서와 인내와 자비와 같이 선한 것들은 전혀 존재하지 않습니다. 하나님의 은총이 전혀 주어지지 않기 때문입니다. 오직 죄악의 세력이 완전한 지배력으로 삶을 극심한 고통으로 이끌어 가도록 버림을 받은 곳일 뿐입니다. 그리고 행한 죄악들에 대해서 하나님의 공의에 의한 형벌들이 더하여 주어집니다.

어떤 이들은 불못이나 풀무 불이라는 표현이 사실적인 묘사가 아니라 단지 상징일 뿐이라고 생각합니다. 지옥은 또한 '바깥 어두운 데'이기도 한데, 불못과 풀무 불이라는 표현이 사실적이라면 지옥이 결코 어두운 곳이 아니라 불로 인하여 밝은 곳일 것이므로 '바깥 어두운 데'라는 표현은 있을 수 없다고 생각하기 때문입니다. 하지만 '바깥 어두운 데'라는 표현은, 의인들이 누리는 영원한 복락의 나라의 바깥에 있는 곳은 하나님의 영광의 빛을 받지 못하는 곳이기 때문에 '어두운 데'라고 표현되고 있음을 알아야 합니다. 마치 죄인들이 이 땅에서 살아 있을 때, 그들이 실상은 죄로 인하여 이미 죽은 자라고 말씀하는 것과 같은 이치로 지옥의 불못에서 형벌을 받는 사람들은 하나님의 은총의 빛을 받지 못하는 자들이므로 '바깥 어두운 데'로 쫓겨난 자들이라고 말씀하고 있는 것입니다. 또 어떤 이들은 사탄이나 악한 천사들은 육체가 없는 영적인 존재들이므로 불과 같은 고통은 그들에게 결코 영향을 줄 수 없다고 주장합니다. 그러나 그렇게 단언할 수 없습니다. 성경이 생생하게 묘사하고 있는 불못과 풀무 불은 영적인 존재인 사탄과 귀신들이 악인들과 더불어 영원히 꺼지지 않는 불 속에서 고통을 받는 형벌을 당하도록 하나님이 정하신 방편입니다. 지옥의 불은 영적인 존재인 사탄과 귀신들 그리고 육체를 가진 악인들 모두가 두려워 떠는 형벌이며, 단순한 비유가 아닌 사실적인 형벌입니다.

더 깊은
질문

사람이 일생에 짓는 죄가 크면 얼마나 크다고 영원한 형벌을 받아야 하느냐며 반문한다면 무엇이라 대답해야 할까요? 영원한 형벌이란 실제적인 벌이 아니라 단지 비유일 뿐이라는 주장에 대해 어떻게 대답해야 할까요?

40.   악인들은 단지
멸절되는 것이 아닌가요?

어떤 이들은 하나님이 악인들을 지옥의 고통 속에 영원히 가두어 그들의 죄악에 대해 형벌을 내리신다는 것을 믿지 않는 잘못된 생각을 가지고 있습니다. 첫째, 그들은 하나님이 사랑이시기에 악인들이 이 세상에서 일시적으로 사는 동안 범한 죄를 벌하기 위해 그들에게 영원한 형벌을 내리시는 것은 생각할 수 없다고 주장합니다. 말하자면 하나님의 도덕적 성품에 어긋난다는 것입니다. 얼핏 보면 그럴듯하지만, 이러한 주장은 옳지 않습니다. 죄에 대한 형벌은 죄를 범하는 시간의 길이에 비례하는 것이 아니기 때문입니다. 살인은 짧은 순간에 행해지지만 도둑질에 비해서 더 무거운 형벌을 받습니다. 왜 그럴까요? 죄의 질이 다르기 때문입니다. 죄의 질은 범죄의 대상이 무엇인가에 따라서도 달라집니다. 예를 들어, 어느 집 애완견을 도둑질하여 매매한 것과 사람을 납치하여 매매한 경우, 둘의 행위는 비슷하지만 죄의 질은 전혀 다릅니다. 따라서 같은 형벌이 내려질 수 없습니다. 범죄 대상의 존엄성에 따라서 죄의 질과 형벌은 달라지는 것입니다. 하나님에 대해 범한 죄의 질과 그것에 내려지는 형벌은 이 세상에서 가장 강력한 왕에 대한 범죄보다도 비교할 수 없이 크다는 점을 잊지 말아야 합니다.

둘째, 멸절설을 주장하는 사람들은 악인들을 향한 심판을 가리키는 표현들이 영원한 형벌이 아니라 오히려 멸절을 의미한다고 주장합니다. 예를 들어, "몸은 죽여도 영혼은 능히 죽이지 못하는 자들을 두려워하지 말고 오직 몸과 영혼을 능히 지옥에 멸하실 수 있는 이를 두려워하라"(마 10:28)라는 말씀에서 '멸하시다'라는 말이 '멸절', 곧 존재 자체가 없어지는 것을 뜻한다고 생각합니다. 하지만 그렇게 주장할 근거는 없습니다. 오히려 그것은 '파괴'나 '폐허'를 뜻하기 때문입니다. '멸하시다'와 동일한 단어가 "십자가의 도가 멸망하는 자들에게는 미련한 것이요 구원을 받는 우리에게는 하나님의 능력이라"(고전 1:18)라는 말씀에서도 사용되고 있는데, 여기서도

'멸망하는'은 현재진행형으로 '형벌을 받고 있는'이라는 의미를 갖습니다. 그것은 우리가 '구원을 얻는' 진행 가운데 있는 것처럼 형벌을 받고 있는 것이며, '파괴'나 '폐허'와 같이 비참한 상태로 진행되고 있음을 뜻할 뿐, 존재 자체가 없어진다는 것을 뜻하지는 않습니다.

성경에 보면 마귀와 악한 영들 그리고 악인들을 벌하는 지옥의 불은 '영원한 불'(유 1:7) 또는 '꺼지지 않는 불'(막 9:48)입니다. 악인들에게 붙어 있는 구더기도 '죽지 않습니다'(막 9:48). 무엇을 뜻합니까? 이것은 형벌을 받는 대상들의 존재가 완전히 멸절되어 없어졌음을 뜻하지 않는다는 것입니다. 오히려 그들의 존재가 본래의 아름다움을 다 상실한 채 마귀와 악한 영과 같이 하나님께 대적하는 자로서의 파괴적인 비참한 상태로 영원한 형벌을 받을 것임을 말합니다. 다음의 성경 구절은 영원한 형벌을 확증해 줍니다.

"또 그들을 미혹하는 마귀가 불과 유황 못에 던져지니 거기는 그 짐승과 거짓 선지자도 있어 세세토록 밤낮 괴로움을 받으리라"(계 20:10).

마귀와 짐승과 거짓 선지자가 영원토록 고통을 받게

될 그 불못에 "생명책에 기록되지 못한 자" 또한 던져지 게 될 것입니다(계 20:15). 죄를 회개하고 예수 그리스도의 구원의 은혜만을 오직 믿고 의지하는 자들만이 영원한 형벌에서 구원을 받습니다.

더 깊은
질문

영원한 형벌은 멸절을 의미한다는 주장에 대해 어떻게 생각하나요? 성경이 악인에게 주어지는 형벌에 대해 표현하고 있는 바를 살필 때, 그것은 살아서 영원히 받는 형벌일까요, 아니면 멸절일까요? 멸절을 주장하는 이유는 무엇이라고 생각하나요?

41.
의인들이 누리게 될
영원한 생명이란 무엇인가요?

예수 그리스도께서는 세상 마지막 날에 다시 오실 것입니다. 주님께서 다시 오시면 의인과 악인을 모두 부활하게 해 이들을 심판하실 것입니다. 이 심판에서 내려진 선고는 최종적이며 영원하기 때문에 이것은 최후의 심판입니다. 최후의 심판에서 예수 그리스도는 당신을 믿음으로 그분의 대리적 속죄에 의한 죄의 용서를 받고 그분의 율법의 의를 자신의 것으로 받은 자들을 가리켜 의롭다 선언하십니다. 반면에 복음을 믿지 않고 부패한 욕정에 따라 살면서 하나님께 불순종한 삶을 살아온 그리스도 밖에 있는 자들에게는 악인이라는 선고를 내리십니다. 악인들은 성경이 영원한 불못으로 표현하고 있는 형벌을 영혼과 육신을 통해 영원히 받게 됩니다. 그러나 그리스도 안에 있는 의인들은 현재의 세상이 아닌 새로운 세상에서 영원한 생명을 누립니다.

"그날에 하늘이 불에 타서 풀어지고 물질이 뜨거운 불에 녹아지려니 우리는 그의 약속대로 의가 있는 곳인 새 하늘과 새 땅을 바라보도다"(벧후 3:12-13)라는 말씀과 같이 이 세상은 사라지고 새 하늘과 새 땅이 창조될 것입니다. 이 새로운 세상이 리모델링처럼 지금의 세상을 새롭게 변화시키는 것인지, 아니면 재건축처럼 완전히 새롭게 창조시키는 것인지는 분명하지 않습니다. 어쨌든 지금과는 전혀 다른 세상이라는 점은 확실합니다. 이처럼 새 하늘과 새 땅이 만들어지고 난 후에 새 예루살렘이 나타나게 됩니다.

"또 내가 새 하늘과 새 땅을 보니 처음 하늘과 처음 땅이 없어졌고 바다도 다시 있지 않더라 또 내가 보매 거룩한 성 새 예루살렘이 하나님께로부터 하늘에서 내려오니 그 준비한 것이 신부가 남편을 위하여 단장한 것 같더라"(계 21:1-2).

예수 그리스도를 믿음으로 죄의 용서를 받은 의인들은 거룩한 새 예루살렘에서 영원한 생명을 누리며 살게 될 것입니다. 그곳이 곧 천국이며 하나님 아버지의 집입니다. 그곳에는 이 세상에서 겪는 연약성과 불완전함 그리고 죄의 고통과 눈물 등이 전혀 없습니다. 의인들은 영원한 천국에서 우리 주 예수 그리스도와 완전한 연합을 누리며 그리스도의 형상을 닮는 영광스러운 상태에 있게 됩니다. 그리하여 마치 예수님이 이 세상에 계시는 동안에도 성부 하나님과 성령 하나님과 함께 지극한 연합의 기쁨을 누리셨던 것처럼, 우리도 하나님 아버지와 영광스러운 사랑의 교제를 나누게 됩니다.

"내가 들으니 보좌에서 큰 음성이 나서 이르되 보라 하나님의 장막이 사람들과 함께 있으매 하나님이 그들과 함께 계시리니 그들은 하나님의 백성이 되고 하나님은 친히 그들과 함께 계셔서 모든 눈물을 그 눈에서 닦아 주시니 다시는 사망이 없고 애통하는 것이나 곡하는 것이나 아픈 것이 다시 있지 아니하리니 처음 것들이 다 지나갔음이러라"(계 21:3-4).

그러므로 의인들이 누리는 최후의 상태인 영원한 생명은 단지 영혼과 육체가 결합되어 생명을 누리는 자연적 의미에서의 생명이 아닙니다. 영원한 생명은 그리스도께서 성령의 충만함을 입어 성령의 안목으로 하나님의 영광을 나타나 있는 그대로 바라보며 하나님의 사랑에 흠

뻑 젖어 기쁨으로 하나님을 찬양하신 것과 같은 삶입니다. 이러한 가운데 의인은 영혼과 몸으로 하나님을 높이고, 아울러 다른 성도와의 영적 교통을 통해 지극한 행복의 기쁨을 누리게 됩니다.

"우리가 지금은 거울로 보는 것같이 희미하나 그때에는 얼굴과 얼굴을 대하여 볼 것이요 지금은 내가 부분적으로 아나 그때에는 주께서 나를 아신 것같이 내가 온전히 알리라"(고전 13:12).

더 깊은 질문   의인이 새 예루살렘에서 누리게 될 영원한 생명이란 어떠한 것일까요? '영원한'이라는 표현과 '생명'이라는 표현에 어떤 함의가 있을까요? 특별히 죄로 인하여 하나님의 진노 아래 있는 삶과 비교할 때 어떤 점에서 다른 특징을 가지고 있을까요?

42.   의인들이 누리는 상급은 무엇인가요?

상급은 하나님이 택한 자들, 곧 그분이 베풀고자 하는 자들에게 당신의 주권에 따라 베푸시므로 전적인 은혜에 속한 것입니다. 인간의 어떠한 조건이나 공로에 근거하고 있는 것이 아닙니다. 그렇지만 성도의 인격성이라는 제2원인을 무시한 채 상급을 주는 은혜의 실행을 하지는 않으십니다. 하나님은 당신의 은혜 앞에 열심과 충성과 성실로 반응하는 자에게 상급을 베푸십니다. 마치 성화의 차이가 우리 가운데 있듯이, 상급에도 차이가 있습니다(단 12:3; 고전 3:14-15, 15:41-42; 고후 9:6; 눅 19:11-26).

상급이란 무엇이며 그 차이는 무엇일까요? 우선 상급은 착하고 충성된 주의 모든 종에게 베푸시는 하나님의 칭찬입니다. 그리고 이 칭찬은 '하나님을 알아 가는 기쁨'으로서 성도가 누리는 영광입니다. 상급의 내용이 하나님께 받는 칭찬이며 그것이 곧 '하나님을 알아 가는 기쁨의 누림'이라면, 이 땅에서 누리는 성화의 기쁨과도 비슷하다고 할 수 있습니다. 이 세상에서는 경건의 정도에 따라 성화의 차이가 나기 때문에 상급의 차이가 있다고 생각되기도 하지만, 천국에 가서 마침내 완전함에 이르는 영화의 단계에서는 과연 이 기쁨의 차이가 있겠는가 생각할 수도 있습니다.

그런데 여기서 생각해야 할 두 가지가 있습니다. 하나는, 이 세상에서 깨달은 하나님의 말씀의 지혜와 그로 인한 하나님의 은혜에 대한 체험은 낙원의 중간 상태와 새 하늘과 새 땅에서도 여전히 계속성을 가지고 있다는 점입니다. 즉 이 땅에서의 삶이 완전히 무관한 것으로 사라지는 것이 아니라, 오는 세상에서도 선한 하나님의 은사와 은택들은 여전히 유효적으로 계속됩니다. 그래서 자신이 어떠한 하나님의 은혜를 입었는가를 서로를 향해 증거하는 찬양의 노래를 계속해서 높이게 될 것입니다.

또 다른 하나는, 영화된 이후에도 우리는 여전히 유한한 피조물이므로 우리 가운데는 서로 일정한 수준의 차이와 다양성을 가지게 될 것이라는 점입니다. 하나님의 영광을 찬미함에 있어서 우리 가운데 우리를 앞에서 인도하는 이가 있을 것이며, 이를 따르는 이들이 있을 것입니다. 즉 우리는 유한한 존재로서 마치 오늘날 교회 안에 다양한 은사가 있는 것처럼, 그날에도 다양한 은사로 인해 어떠한 영적 질서가 있게 될 것입니다. 이때 하나님의 영광을 다른 이에 비해서 더욱 부요하게 아는 은혜를 입은 자가 있을 것인데, 이러한 은혜의 상대적 부요를 누리는 자는 다름 아닌 이 땅에서 하나님을 더욱 사모하고 충성된 마음으로 주를 섬겼던 자들일 것입니다. 예를 들어, 바울과 강도는 다 같이 은혜로 구원받았지만 바울에게 미친 하나님의 성화의 은혜가 더욱 큰 것처럼, 바울이 받을 상급과 칭찬도 강도보다 더 클 것입니다(계 4:4, 7:9-10, 21:14; 마 8:11, 19:28; 단 12:3 참조).

결국 상급이란 그리스도의 형상을 닮는 것과 내용이 일치하는 것이며, 하나님은 이것을 이루기 위해 우리의 인격성이라는 제2원인을 사용하시기 때문에 격려와 경계, 곧 상급의 약속 등으로 우리의 성화와 순종을 이끌어 가십니다. 그리고 그 결과 하나님이 주고자 하시는 주권적 은혜에 따라 은택을 입은 자들 가운데 어떤 이들은 주님께로부터 순종의 은혜를 받아 하나님의 말씀에 순종함으로써 하나님을 알아 가는 영적 부요함을 충만히 누리게 되며, 어떤 이는 같은 구원을 누려도 영적 부요함의 누림이 적을 수 있습니다. 이러한 것은 성화의 차이로 설명되는 한편, 바로 상급의 차이로도 이어집니다. 이러한 차이는 영화의 단계에서도 어느 정도 여전히 계속될 수 있는데, 그것은 우리가 서로 유한하여 다양한 차이를 여전히 가지고 있을 것이기 때문입니다.

더 깊은 질문

영생이 오직 은혜로 받는 것이라면 구원받은 자의 수고는 영생의 구원을 받는 데 어떤 공로나 가치는 없을 것입니다. 그럼에도 상급이 있다면 그것은 무엇이며 그 성격은 어떠할까요? 또한 구원받은 자들 사이에 상급의 차이가 있다는 해석을 설명해 보십시오.

'그리스도와의 연합'이라는 말은,
하나님의 자녀가 그리스도로 말미암음을 뜻합니다.

예수님의 이름으로 하나님 아버지께 기도할 때,
우리는 성부, 성자, 성령의 세 위격으로 계신
한 하나님, 곧 삼위일체 하나님께
기도하는 것입니다.

은혜 언약은 무조건적입니다.
어떤 공로도 요구하지 않습니다.
은혜 언약은 조건적입니다.
예수님을 믿지 않고는
누구도 구원을 받을 수 없습니다.

신약의 말씀은 제한된 사람들에게만이 아니라
보편적인 모든 사람을 향하여
복음의 초청을 합니다.

그리스도의 부활은
그리스도 안에 있는 모든 의인이
이와 같이 영광의 부활을 할 것이라는
가장 확실한 보증이며 증거입니다.

최후의 심판은 그리스도로 인하여
환난을 받은 자들에게 안식으로 갚으시는
하나님의 공의의 사건입니다.

지옥의 불은 단순한 비유가 아닌
사실적인 형벌입니다.

4부

무소부재하신 하나님에 대하여

하나님은 무한한 분이십니다.

이 말은, 하나님은 그 어떤 것으로도 완전히
설명할 수 없고, 파악할 수도 없으며, 분석할 수도
없고, 어떻게 규정할 수도 없는 분임을 뜻합니다.

43.   하나님의 존재를 논증할 수 있나요?

하나님은 그 신성이 끝이 없고 인간의 이성에 의해 파악되는 분이 아니며, 또한 무한히 뛰어나신 분이므로 하나님에 관한 진리를 논한다는 것은 매우 신중하며 조심할 일입니다. 그렇지만 하나님은 우리로 하여금 하나님에게 나아갈 수 있도록 자연과 성경에 우리의 눈높이를 맞추어 당신을 계시하셨습니다. 하나님이 계시다는 것은 의심의 여지가 없는 진리이지만, 무신론자들이 맹렬히 이 사실을 부정하려 들기에 이 질문에 대해 답할 필요가 있습니다. 질문의 초점은, 사람은 누구도 하나님을 모른다고 할 수 없도록 본성상 존재에 대한 참된 지식을 가지고 있는가, 또는 하나님이 존재하신다는 사실이 성경뿐 아니라 자연에서도(시 19:1-6; 행 17:28; 롬 1:19-20, 2:14) 반박할 수 없게끔 분명하게 논증될 수 있는가에 있습니다.

하나님의 존재는 다음과 같은 근거에 의하여 분명하게 논증됩니다. 첫째는, 자연 자체의 존재입니다. 자연 안에 있는 어느 것도 스스로 자체의 원인일 수는 없습니다. 모든 것은 다른 것에서 비롯되며, 또한 다른 것이 없이는 존재하지 못합니다. 아무것도 없는 것에서는 어떤 것도 만들어지지 못한다는 것은 명백한 사실이기 때문입니다. 둘째는, 우주의 아름다움과 질서입니다. 이러한 아름다움과 질서는 그 안에 어마어마한 정보의 양을 가지고 있으며, 정보는 오직 정보로부터만 나오기 때문에 어떤 지성적인 개입이 없이는 우주의 아름다움과 질서의 존재 자체가 불가능합니다. 현대의 첨단 과학은 이러한 사실에 대해 더욱더 분명한 증거를 제시해 줍니다. 예를 들어, 분자생물학적인 미시 세계에 대한 지식은 인간의 세포가 결코 자연 스스로 우연의 조합을 통해 만들어 낼 수 없다는 학문적 판단을 제공합니다. 20세기 말에 시작되었던 소위 '지적 설계'(Intelligent Design) 운동은 이러한 논증을 더욱더 확실하게 합니다. 셋째는, 인간의 양심입니다. 악을 행하거나 하나님을 부인할 때 떨리는 양심의 소리는 헛된 것이 아닙니다. 이 양심의 소리는 너무나도 확실하고 강력해서, 양심이 존재하는 한 하나님을 부인할 수 없는 것입니다. 넷째는, 종교적 신성에 대한 인류의 보편적인 인정입니다. 즉 인류의 보편적인 종교 현상은 자연에 계시된 하나님의 신성에 대한 간접적인 증거입니다.

무신론자들은 이러한 논증에 반발하여 자연 세계 안에 있는 무질서와 쓸모없으며 위험스러운 여러 현상을 지적합니다. 그러나 어떤 무질서는 우리 인간이 보기에 그러한 것일 뿐, 하나님의 관점에서도 그것이 혼돈과 무질서라고 말할 수는 없습니다. 우리의 관점에서는 무질서와 혼돈이며 또한 위험한 것일지 몰라도, 하나님은 당신의 지혜로 그것조차 당신의 목적을 위해 적절하게 계획하고 배정하신 것이기 때문입니다. 또한 악인들이 번성하고 의인들이 역경을 당하는 것도 하나님의 존재를 부인하는 이유가 되지 못합니다. 의인들의 역경이란 그들에게 영적 복을 주시기 위한 하나님의 선한 계획 가운데 있는 일이며, 마지막 날에 있을 최후의 심판을 통해 하나님의 공의가 완전히 나타나게 됩니다. 하나님은 무한히 선하신 분이지만, 그분의 지혜와 능력으로 선한 목적을 위하여 악을 허용할 수도 있는 완전히 자유로운 분이심을 기억해야 합니다.

무신론자들이 인정하기를 거부한다 하더라도, 하나님

이 존재하신다는 것은 충분히 논증이 됩니다. 하나님이 계심을 믿는 자들은 하나님이 자연 만물 안에 당신의 신성과 영광을 가득히 채우셨음을 보기 때문입니다.

더 깊은 질문 반대론자들은 세상에 있는 무질서와 악을 들어 하나님의 존재 논증을 반박합니다. 하지만 이 세상의 무질서와 악의 현상은 인간이 범한 죄에 대한 대가로 내려진 것입니다. 이로 인하여 하나님의 창조 세계의 질서와 아름다움에 손상이 가해졌기 때문입니다. 당신은 이 사실을 논증으로 설득할 수 있나요?

44.   무신론자들의 주장은 합당한가요?

무신론자들은 사변적인 무신론자들과 실천적인 무신론자들로 구별해 볼 수 있습니다. 사변적인 무신론자들이란 신앙적인 측면에서 하나님을 인정하지 않는 자들을 말하며, 실천적인 무신론자들이란 마치 하나님이 계시지 않은 것으로 간주하거나 그렇기를 바라며 하나님께 예배드리지 않는 자들을 말합니다. 이러한 명칭의 구별을 따라 볼 때, 말로써 자신이 무신론자임을 자랑스레 드러내며 신성 모독의 죄를 범하는 자들은 사변적인 무신론자들이라 할 것이며, 행위로 불경건한 일들을 행하는 자들은 실천적인 무신론자들이라 할 것입니다.

다시 사변적인 무신론자들에는 명시적인 무신론자들과 결과론적인 혹은 간접적인 무신론자들이 있습니다.

전자는 하나님에 대한 어떠한 지식이나 감각, 또는 믿음을 전혀 인정하지 않으려는 자들이며, 후자는 하나님을 인정하면서도 하나님의 속성을 부분적으로 제한함으로써 결국 하나님을 인정하지 않는 자들입니다. 예를 들어, 하나님을 인정하기는 하되 그분의 섭리와 공의를 부인함으로써 결국 하나님을 부인하는 자들을 말할 수 있습니다. 진정한 의미에서 무신론자라고 할 자들이 있는지를 묻는 질문은 명시적인 무신론자들과 관련하여 묻는 것입니다. 결과론적인 무신론자들이나 실천적인 무신론자들은 어떤 모양으로든 하나님을 인정하기 때문입니다.

그런데 명시적인 무신론자들이 왜 하나님을 부인하는지를 살펴보면 다시 세 가지 정도의 구별이 가능합니다. 첫째는 하나님에 대한 감각과 지식에도 불구하고 악의적으로 하나님을 부인하는 것이고, 둘째는 하나님의 존재를 의심하다가 돌연히 미혹에 빠져서 스스로 확신을 갖고 애를 써서 하나님을 부인하는 것이고, 셋째는 하나님의 존재에 대한 어떠한 감각이나 지각이 전혀 없다고 말하며 애써 하나님을 부인하는 것입니다. 앞의 두 경우처럼 내적으로 의심이 가득 차서 하나님이 계시지 않는다는 자기 확신을 가지고 외적으로 하나님이 계시지 않는다고 논박하는 사람들을 주변에서 종종 볼 수 있습니다. 이러한 사람들은 하나님의 증거와 지각에도 불구하고 악의적으로 또는 스스로 그렇게 믿어 버리는 무신론적 신앙인들입니다.

또한 마지막 경우와 같이 애써 하나님에 대한 지각과 감각이 전혀 없는 체하면서 하나님을 부인하는 자들이 있습니다. 이들은 아무리 믿으려고 해도 하나님에 대한 아무런 느낌조차 없는데 어떻게 믿느냐고 되묻기도 합니다. 하지만 사실상 변명할 수 없습니다. 하나님은 당신을 아는 지식과 신성의 감각을 마치 이성을 주신 것과 마찬가지로 사람에게 심어 놓으셨기 때문입니다(롬 1:20-21). 뿐만 아니라 하나님은 사람 안에 양심을 두어 율법의 일을 하게 하셨습니다(롬 2:14). 제아무리 불경건한 사람일지라도 양심을 통한 율법의 정죄를 결코 완전히 떨쳐 버리지는 못합니다. 더욱이 하나님은 사람들에게서 멀리 계시지 않은 채, 만드신 만물과 그 가운데서 행하시는 일들을 통하여 하나님을 더듬어서라도 찾아 알 수 있도록 하셨습니다(행 17:27).

사람들은 무신론을 이런저런 이유로 자처하며 심지어는 자기 확신에 가득 차서 악의적으로 하나님을 부인할 수 있습니다. 그러나 그 누구도 마음 깊은 곳에서는 결코 견고하게, 확정적으로 부인하지 못합니다. 그것은 마치 이성이 사람에게 주어진 것처럼, 또는 양심을 지울 수 없는 것처럼 하나님이 모든 사람에게 당신에 대한 지각과 감각을 심어 놓으셨기 때문입니다. 진정한 의미의 무신론자는 사실상 없습니다.

더 깊은 질문   진정한 의미에서 무신론자가 존재한다고 생각하나요? 만일 그렇지 않다면 그 까닭은 무엇일까요? 무신론자가 진정한 의미에서 존재한다면 어떻게 그것이 가능할 수 있다고 생각하나요?

45.   하나님은 단 한 분이신가요?

하나님은 오직 한 분이십니다. 아담의 타락 이후에 사람
들은 영적 감각이 없어지고 하나님의 생명에서 떠난 자
들이 되었습니다(엡 4:18). 그들은 또한 허물과 죄로 죽은
자가 되었습니다(엡 2:1). 그러한 그들은 하나님을 알되 하
나님을 영화롭게도 아니하며 생각과 마음이 허망하여
지고 어두워져 버렸습니다(롬 1:21). 그들의 영혼은 저 깊
은 곳에서부터 하나님의 살아 계심을 그리고 그들의 생
애가 끝난 후에는 하나님에게서 선악 간의 심판을 받
게 될 것이라는 두려움을, 비록 분명하지는 않지만 부
인할 수 없을 정도로 느끼고 인식합니다. 그래서 하나님
의 진리를 거짓 것으로 바꾸어 피조물을 조물주보다 더
경배하고 섬기는 커다란 죄악 가운데 빠져 버린 것입니다

(롬 1:25). 우상을 숭배하는 타락한 인간들은 사탄의 종이 되어(엡 2:2), 우상을 통해 사탄과 그의 수하에 있는 귀신들을 섬기는 비참한 존재가 되고 만 것입니다. 그리하여 여러 신이 있다는 생각, 곧 다신론을 믿는 어리석은 생각들이 여러 종교 가운데 나타나고 있습니다.

그러나 하나님은 오직 한 분이십니다. 하나님이라고 일컬음을 받을 수 있는 '하나님다움'은 오직 하나일 뿐입니다. 즉 하나님의 본질은 여러 종류가 아니라 오직 하나일 수밖에 없으므로, 그러한 본질을 가지고 계신 하나님 또한 한 분이실 뿐입니다. 하나님은 실로 무한하고 영원하고 전능하며, 또한 완전한 분으로 만물을 창조하고 다스리는 분이십니다. 그러한 하나님이 만일 한 분이 아니라면, 사실 하나님은 전혀 존재하지 않는 것과 같습니다. 여러 하나님이 존재한다면, 그들이 서로 동등하거나 차이가 있을 것입니다. 동등하다면 그중 누구도 가장 우선적이며 완전할 수가 없으므로 사실 하나님이 아니며, 차이가 있다면 그중 완전하며 으뜸인 한 분을 제외한 나머지는 하나님이라 할 수 없습니다.

하나님은 존재하는 다른 모든 것을 만드신 분입니다. 만일 여러 하나님이 있으며 이들 간에 서로 차이가 없다면, 그 누구도 다른 나머지의 창조주이거나 존재의 이유일 수가 없으므로 그중 누구도 하나님일 수가 없습니다. 만일 여러 하나님이 있으며 이들 간에 어떤 차이가 있다면, 그중에 다른 모든 것이 존재하게 되는 이유인 한 하나님을 제외한 나머지는 결코 하나님일 수가 없습니다. 이러한 이유로 인해 흥미롭게도 여러 신을 믿는 다신론은 사실상 어떤 신도 믿지 않는 무신론입니다. 사탄을 우두머리로 하는 귀신들을 하나님으로 알아 그들을 신이라 부르며 섬기는 다신론은 있을 수 있지만, 완전하고 무한하며 영원한 만물의 창조주이신 하나님이 복수로 계심은 결코 말하지 못합니다.

하나님의 계시의 말씀인 성경은 하나님이 오직 한 분이심을 분명하게 교훈합니다.

"이스라엘아 들으라 우리 하나님 여호와는 오직 유일한 여호와 이시니"(신 6:4).

"그러나 우리에게는 한 하나님 곧 아버지가 계시니 만물이 그에게서 났고 우리도 그를 위하여 있고 또한 한 주 예수 그리스도께서 계시니 만물이 그로 말미암고 우리도 그로 말미암아 있느니라"(고전 8:6).

"그 중보자는 한 편만 위한 자가 아니나 하나님은 한 분이시니라"(갈 3:20).

"하나님은 한 분이시요 또 하나님과 사람 사이에 중보자도 한 분이시니 곧 사람이신 그리스도 예수라"(딤전 2:5).

이 모든 계시의 말씀을 요약하여 제시해 주는 듯, 신명기 32장 39절은 하나님이 유일한 신이심을 확정해 줍니다.

"이제는 나 곧 내가 그인 줄 알라 나 외에는 신이 없도다 나는 죽이기도 하며 살리기도 하며 상하게도 하며 낫게도 하나니 내 손에서 능히 빼앗을 자가 없도다."

더 깊은 질문   세상에는 여러 신을 믿는 사람이 오래전부터 많이 존재해 왔습니다. 하나님이 무한하며 영원하신 분이라면, 그분이 온 우주를 창조하신 분이라면 이 하나님이 여러 신일 수 있을까요, 아니면 한 분일까요?

46.   홀로 참 하나님이신 그분은 누구인가요?

홀로 참 하나님이신 그분은 여호와 하나님입니다(사 42:8, 48:11; 암 5:8, 9:6; 출 15:3). "그분은 누구입니까?" 이런 질문은 보통 이름을 밝힘으로 답을 얻게 됩니다. 하지만 원리상 홀로 참 하나님인 분은 이름이 필요 없으십니다. 이름이란 본래 다른 것과 비교하여 구분하기 위해 주어지는 것이기 때문입니다. 예를 들어, '바울이라는 사람'이라고 어떤 이를 밝힐 때, 먼저 그가 사자나 말과 같은 동물이 아니라 사람이면서, 그 가운데 '바울'이라는 사람이라고 구분하여 이름을 밝힙니다. 이렇게 이름을 밝힐 수 있는 것은 여러 동물과 구분되는 사람이 있고, 또여러 사람 가운데 바울이라는 개인이 있어 서로 구분되고 있기 때문에 가능한 일입니다. 하지만 하나님은 홀로 계신 참 하나님이시기 때문에 그분이 누구인지를 알기 위해 다른 어떤 피조물에게 붙여 구분하는 것과 같은 이름을 필요로 하지 않으십니다. 그냥 하나님이실 뿐이기 때문입니다.

그렇지만 마음이 미련하고 허망하여져서 썩어질 것들을 섬기는 타락한 인간들이 거짓 신들의 이름을 부르며 그것들이 하나님인 양 믿고 있기 때문에 이들과 구분하기 위하여 하나님은 우리가 당신을 바르게 찾도록 부를 이름을 주셨습니다. 그것이 '여호와' 또는 '야훼'입니다. '여호와'와 '야훼'는 우리말로 된 성경에 '스스로 있는 자'(출 3:14)라고 번역된 이름을 서로 다르게 발음한 것일 뿐입니다. 혹자는 '하나님은 구원이시다'라는 뜻의 이름을 가진 '이사야' 선지자나 '여호와는 하나님이시다'라는 뜻의 이름을 가진 '엘리야' 선지자의 이름을 발음할 때 '하나님'을 가리키는 부분의 발음을 '-야'로 하기 때문에 '야훼'라는 발음이 더 타당할 것이라는 주장을 합니다. 반면에 유대인들이 하나님의 이름을 바로 말하는 것을 불경하게 여겨서 '나의 주'라는 뜻인 '아도나이'로 대신하여 하나님을 일컬었던 것을 좇아 '스스로 있는 자'의 자음에다 '아도나이'의 모음을 덧붙여 '여호와'라고 발음하는 것이 오랜 관습이기도 합니다. 우리말로 된 성경에는 '야훼'(공동번역), '여호와'(개역한글, 개역개정), '주'(표준새번역) 등으로 번역되어 있습니다.

하나님이 '스스로 있는 자'로 당신의 이름을 주심으로써 우리는 하나님이 누구이신가를 아는 은택뿐만 아니라, 하나님이 어떠한 분이신가를 알 수도 있게 되었습니다. '스스로 있는 자'라는 '여호와'의 이름은 적어도 세 가지의 의미를 담고 있습니다. 첫째는, 하나님이 영원하며 자존하는 분이심을 말합니다. 하나님은 이전에도, 현재에도, 앞으로도 항상 계시는 분으로서(계 1:4) 어떤 다른 것에 당신의 존재를 의지하지 않는 분이시며, 홀로 존재의 근원이시며, 또한 안 계실 수가 없는 필연적인 존재이심을 뜻합니다. 둘째는, 그분은 존재하는 이 세상 만물들의 근원이시며, 그것들을 활동하게 하는 힘과 능력이심을 뜻합니다(사 44:24). 셋째는, 하나님이 말씀하신 것은 항상 불변하며, 말씀하신 것은 반드시 이루시는 분임을 뜻합니다. "내가 아브라함과 이삭과 야곱에게 전능의 하나님으로 나타났으나 나의 이름을 여호와로는 그들에게 알리지 아니하였고"(출 6:3)라는 말씀은, 하나님이 아브라함과 이삭과 야곱에게는 당신이 약속한 것을 이루는 분임을 알리지 않으셨다는 것을 뜻합니다. 그것은 아브라함을 포함한 세 족장에게 그들의 후손을 하늘의 별처럼 창대하게 하며 그들을 가나안 땅으로 인도하겠다는 약속을 어떻게 성취할 것인지를 보이지 않으셨다는 것을 말씀하는 것입니다. 이는 약속한 것을 반드시 이루시는 분이라는 뜻이 '여호와'라는 이름에 담겨 있음을 암시하고 있는 말씀입니다.

더 깊은 질문   홀로 참 하나님이신 그분이 누구인지를 아는 방법에는 어떤 것들이 있을까요?

47. '무한한 하나님'은 어떤 분이신가요?

하나님은 무한한 분이십니다. 이 말은, 하나님은 그 어떤 것으로도 완전히 설명할 수 없고, 파악할 수도 없으며, 분석할 수도 없고, 어떻게 규정할 수도 없는 분임을 뜻합니다. 이 세상에 속한 것들은 모두가 다른 어떤 것들에 의하여 제한을 받기 때문에 그것들에 의하여 일정한 비교나 설명을 할 수 있습니다. 그러나 하나님은 그렇게 할 수 있는 분이 아니십니다. 하나님은 유한한 인간이 파악하여 이해할 수 있는 분이 아니십니다. 시편은 하나님을 이렇게 찬양합니다.

"여호와는 위대하시니 크게 찬양할 것이라 그의 위대하심을 측량하지 못하리로다"(시 145:3).

시편이 찬양하는 바와 같이 하나님의 위대하심, 곧 그분의 무한성은 다른 무엇으로 측량할 수 있는 것이 아닙니다. 예를 들어, 유한한 것은 어떤 것이든지 그 한계와 끝이 있고, 그렇다면 그 끝을 따라서 어떤 선이 그려질 수 있습니다. 그렇지만 하나님은 어떤 선을 그려 그 안에 넣어 둘 수 있는 한계나 끝을 가지고 계신 분이 아닙니다.

흔히 하나님이 무한하시다는 말을 하나님이 넓은 공간에 끝없이 펼쳐져 계시거나 시간을 따라 항상 존재하신다는 뜻으로 오해하는 경우가 있습니다. 하나님이 무한하시다는 것은 공간적으로나 시간적으로 어디에나 끝없이 펼쳐져 계신다는 것을 뜻하지 않습니다. 하나님은 어떤 제한이나 한계가 없는 분이시므로 사람의 생각에 끝도 없이 넓은 우주도, 끝없이 계속되는 시간도 하나님을 그 안에 담지 못합니다. 하나님은 존재하는 모든 것을 다 합친 것보다도 큰 분이십니다. 근본적으로 하나님은 이 모든 것을 초월하는 분이십니다.

"네가 하나님의 오묘함을 어찌 능히 측량하며 전능자를 어찌 능히 완전히 알겠느냐 하늘보다 높으시니 네가 무엇을 하겠으며 스올보다 깊으시니 네가 어찌 알겠느냐 그의 크심은 땅보다 길고 바다보다 넓으니라"(욥 11:7-9).

무한한 하나님은 다른 어떤 것과도 비교할 수 없이 질적으로 완전한 분이시며, 공간이나 시간을 초월하는 동시에 공간이나 시간과 함께 계시는 분입니다. 말하자면 하나님의 무한성은 어떠한 한계나 제한이 없는 것을 뜻합니다. 이 말의 의미는 이러합니다. 하나님은 지혜로운 분이십니다. 그런데 하나님은 무한한 분이시므로 그분의 지혜는 완전합니다. 하나님은 또한 거룩하십니다. 그런데 하나님은 무한한 분이시므로 그분의 거룩함은 완전합니다. 이것은 지혜나 거룩함이 양적으로 풍성하다는 의미가 아니라, 그분의 지혜와 거룩함의 완전성이 질적인 면에서 그러하다는 것입니다. 물론 그렇기에 어떠한 부족이나 제한이 있을 수 없는 것은 당연합니다. 하나님의 지혜와 지식은 실로 깊고 풍성하며, 그분의 판단과 길은 유한한 인간이 헤아리거나 찾을 수 없는 완전한 지혜와 지식입니다. 그것은 곧 무한한 하나님이 완전하시다는 것을 뜻합니다. 하나님은 무한하며, 그렇기에 완전한 분이십니다. 하나님을 찬송하는 성경의 시적 표현들은 이 모든 것을 아름답게 그리고 있습니다.

"누가 손바닥으로 바닷물을 헤아렸으며 뼘으로 하늘을 쟀으며 땅의 티끌을 되에 담아 보았으며 접시저울로 산들을, 막대 저울로 언덕들을 달아 보았으랴 누가 여호와의 영을 지도하였으며 그의 모사가 되어 그를 가르쳤으랴 그가 누구와 더불어 의논하셨으며 누가 그를 교훈하였으며 그에게 정의의 길로 가르쳤으며 지식을 가르쳤으며 통달의 도를 보여 주었느냐"(사 40:12-14).

더 깊은 질문 만일 유한한 어떤 존재가 능력이 제아무리 뛰어나다 해도 그 존재를 가리켜 홀로 참 하나님이라 할 수 있을까요? 그럴 수 없다면 그 까닭은 무엇일까요? 홀로 참 하나님이시라면 무한하다고 할 때 그 무한성의 의미를 설명해 보십시오.

48.   '광대한 하나님'은 어떤 분이신가요?

앞선 질문에서 살펴본 바와 같이 하나님은 무한한 분이기 때문에 본성상 어떤 선을 그려 그 안에 넣어 둘 수 있는 한계나 끝을 가지고 계시지 않습니다. 예를 들어, 지혜나 거룩함과 같은 모든 속성에 있어서 무한한 하나님은 단순히 양적으로 풍성한 분이 아니라, 그분의 지혜와 거룩함이 질적인 면에서 완전한 분이십니다.

이처럼 본성상 완전한 하나님은 무한한 분으로 공간과 관련하여 어디에나 계십니다. 성경은 이러한 하나님을 '광대하다'고 찬양합니다. 하나님은 세 가지 방식으로 어디에나 계십니다. 첫째, 하나님은 당신의 능력으로 어디에나 계십니다. 즉 하나님은 우주를 만드셨으며, 그 가운데 있는 것들을 다스리십니다.

"이는 사람으로 혹 하나님을 더듬어 찾아 발견하게 하려 하심이로되 그는 우리 각 사람에게서 멀리 계시지 아니하도다 우리가 그를 힘입어 살며 기동하며 존재하느니라 너희 시인 중 어떤 사람들의 말과 같이 우리가 그의 소생이라 하니"(행 17:27-28).

둘째, 하나님은 당신의 지식으로 어디에나 계십니다. 하나님은 모든 일을 당신의 목전에 있는 것처럼 직접적으로 보며 알고 계십니다.

"지으신 것이 하나도 그 앞에 나타나지 않음이 없고 우리의 결산을 받으실 이의 눈앞에 만물이 벌거벗은 것같이 드러나느니라"(히 4:13).

셋째, 하나님은 당신의 본질에 따라 어디에나 계십니다. 하나님은 당신의 능력이나 지식으로 모든 것과 함께 계실 뿐만 아니라, 당신의 본질에 따라 실제로 어디에나 계십니다.

"내가 주의 영을 떠나 어디로 가며 주의 앞에서 어디로 피하리이까 내가 하늘에 올라갈지라도 거기 계시며 스올에 내 자리를 펼지라도 거기 계시니이다 내가 새벽 날개를 치며 바다 끝에 가서

거주할지라도 거기서도 주의 손이 나를 인도하시며 주의 오른손
이 나를 붙드시리이다"(시 139:7-10).

하나님이 이처럼 실제로 어디에나 계신다는 사실은
"하늘은 나의 보좌요 땅은 나의 발판이니"(사 66:1), "여호
와가 말하노라 나는 천지에 충만하지 아니하냐"(렘 23:24),
"하늘과 하늘들의 하늘이라도 주를 용납하지 못하겠거
든"(왕상 8:27)이라는 성경의 표현 가운데서도 잘 드러납
니다. 만일 하나님이 실제로 어디에나 계시는 분이 아니
라면, 하나님이 하늘의 보좌에는 계시지만 우주의 다른
곳에는 계시지 않는다면, 그 우주가 하나님보다 더 크다
는 매우 잘못된 결론이 나오게 됩니다.

그렇다면 하나님은 마귀나 귀신들, 악한 자들과도 함
께 계실까요? 그렇습니다. 하지만 기억해야 할 것은, 하
나님은 은혜의 하나님으로서가 아니라 오직 죄를 심판
하고 벌을 내리는 하나님으로서 그들과 함께 계시며, 그
들의 악을 인정하는 의미에서 그들과 함께 계시는 것이
아니라, 만물의 창조주이며 보존자로서 함께 계신다는
사실입니다. 그러면 하나님은 지옥에도 계실까요? 그렇
습니다. 하나님은 하늘에 계실 뿐만 아니라 또한 지옥에
도 계십니다. 그러나 하늘에는 은혜의 하나님으로서 복

을 주는 분으로 계시지만, 지옥에는 벌을 주는 공의의 하나님으로 계실 따름입니다.

그러면 하나님이 올라가거나 내려오거나 들어오거나 나가신다고 할 때, 이것은 무엇을 뜻하는 것일까요? 이것은 하나님이 실제로 어디에나 계시지 않도록 당신의 무소부재를 철회하신다는 것이 아니라, 단지 그분이 행하는 다양한 작용과 활동 가운데 어떤 것들을 행하거나 거두신다는 것을 뜻합니다(창 26:24; 민 12:9, 14:9, 20:6; 신 2:7, 23:14, 31:8 참조).

더 깊은 질문 우주는 광대하지만 피조물이므로 결코 무한하지 않습니다. 하나님은 창조주로서 피조물인 우주의 공간과 관련하여 역시 광대함이라는 속성을 가지고 계십니다. 하나님의 광대성을 설명해 보십시오. 하나님에게 어떤 공간의 제약이란 있을 수 있을까요?

49. '영원한 하나님'은 어떤 분이신가요?

무한하신 하나님을 시간과 관련하여 일컬을 때 '영원하신' 하나님이라 말합니다. 하나님의 영원성은 세 가지 측면과 관련하여 일컬어집니다. 첫째는, 하나님은 시작하는 시점이 없으시다는 측면이고, 둘째는, 하나님은 끝나는 시점이 없으시다는 측면이고, 셋째는, 하나님은 시간적으로 앞선 것과 뒤에 있는 것으로 연결되는 과거와 현재와 미래와 같은 연속성 안에 갇혀 있지 않으시다는 측면입니다.

시편 102편 25-27절은 하나님의 영원성에 대한 이러한 세 가지 측면을 잘 드러내 주고 있습니다. "주께서 옛적에 땅의 기초를 놓으셨사오며 하늘도 주의 손으로 지으신 바니이다"(25절)라는 구절은 하나님이 땅의 기초를 놓으시기 이전에도 이미 존재했던 분임을 뜻하는 말씀이기 때문에 하나님은 시작하는 시점이 없으시다는 것을 말해 줍니다. 시작이라는 것은 만물이 창조되었던 시점에서부터 비롯되는 것이기 때문입니다. 또한 "주의 연대는 무궁하리이다"(27절b)라는 구절은, 하나님에게는 끝나는 시점이 없으시다는 것을 말해 줍니다. 그리고 "천지는 없어지려니와 주는 영존하시겠고 그것들은 다 옷 같이 낡으리니 의복같이 바꾸시면 바뀌려니와 주는 한결같으시고"(26-27절a)라는 구절은, 하나님에게는 어떤 연속적으로 이어져 가는 변화들이 없음을 말해 줍니다. 하나님이 한결같으시다는 것은 이전의 어떤 것이 사라지고 새로운 것이 더해지면서도 여전히 동일한 분으로 유지된다는 의미를 따라서 말하는 것이 아닙니다. "그는 변함도 없으시고 회전하는 그림자도 없으시니라"(약 1:17)라는 말씀에서 보듯이, 이는 하나님의 불변성을 뜻하는 것입니다.

그런데 왜 성경은 하나님을 "알파와 오메가라 이제도 있고 전에도 있었고 장차 올 자요 전능한 자"(계 1:8) 또는 "알파와 오메가요 처음과 마지막이요 시작과 마침"(계 22:13)인 분이라고 말씀할까요? 이러한 표현은 하나님에게도 시작과 끝이 있고, 또 과거와 현재와 미래라는 시간의 틀 안에 영원히 거하신다는 의미로 여겨지기 때문에 많은 혼란을 줍니다. 여기서 말하는 '하나님은 알파, 처음, 또는 시작'이라는 것은 하나님에게 시작하는 기점이 있으시다는 것을 말하는 것이 아닙니다. 하나님에게 시작의 기점은 없지만, 그분이 만물의 시작이라는 점에서 하나님을 알파라 하는 것입니다. 마찬가지로 하나님에게 끝이 나는 기점은 없지만, 모든 만물이 결국에는 하나님에게로 귀속된다는 점에서 하나님을 오메가라 하는 것입니다.

앞의 말씀에서 "이제도 있고 전에도 있었고 장차 올 자"라는 표현이 시간의 구별에 따른 세 측면을 말하고 있는 것은 사실입니다. 하지만 기억할 것은, 이러한 표현은 하나님의 영원성에 대하여 신인동정론적으로 주어진 것이라는 점입니다. 즉 전에도 계셨던 하나님이 순차적으로 현재에도 계시며, 또한 이어서 미래에도 계실 것임을 말하는 것이 아닙니다. 하나님은 과거와 현재와 미래의 모든 시간을 분리하지 않은 채 한 번에 품으시기 때문입니다. 하나님의 영원성은 시간의 어떤 변화나 구분을 초월합니다. 즉 하나님의 영원성은 과거와 현재와 미래라는 모든 시간을 영원성의 한 점 안에 다 포함하고 계시면서, 또한 과거와 현재와 미래라는 시간 가운데 있는 어느 시점에도 함께 계십니다. 영원은 시간의 전체가 아니며, 시간은 영원의 한 조각이 아닙니다. 시간은 변화의 연속이지만, 영원은 이러한 것들을 초월합니다.

이러한 하나님의 영원성의 신비를 모세는 "산이 생기기 전, 땅과 세계도 주께서 조성하시기 전 곧 영원부터 영원까지 주는 하나님이시니이다"(시 90:2)라고 노래했던 것입니다.

더 깊은 질문: 무한하신 하나님은 시간과 관련하여 영원하신 하나님으로 고백됩니다. 시간을 창조하신 하나님을 시간과 관련하여 설명하는 것이 가능할까요?

50.   '불변한 하나님'은 어떤 분이신가요?

우리가 믿는 여호와 하나님은 영원하고 자존하는 분이
시며, 존재하는 이 세상 만물들의 근원이시며, 그것들을
활동하게 하는 힘과 능력이십니다. 또한 하나님으로서
변함이 없으시며, 당신이 뜻한 바와 말씀한 것을 변치
않고 반드시 이루시는 분입니다.

그렇기 때문에 하나님이 정하신 뜻도 변하지 않습니
다. 하나님은 권능과 권세가 완전한 분이시므로 당신의
뜻을 실현하기에 어떤 부족함도 없으시며, 어떤 제한도
받지 않으십니다. 또 지식이나 지혜가 완전하기 때문에
정한 뜻에 어떤 오류나 모자람이 있지 않으십니다. 하나
님이 정하신 뜻은 완전하며, 하나님의 권능은 그 뜻을
반드시 이루십니다.

"하나님은 사람이 아니시니 거짓말을 하지 않으시고 인생이 아니시니 후회가 없으시도다 어찌 그 말씀하신 바를 행하지 않으시며 하신 말씀을 실행하지 않으시랴"(민 23:19).

"내가 시초부터 종말을 알리며 아직 이루지 아니한 일을 옛적부터 보이고 이르기를 나의 뜻이 설 것이니 내가 나의 모든 기뻐하는 것을 이루리라 하였노라"(사 46:10).

그렇지만 하나님이 이 세상을 창조함으로써 창조 이전과는 달리 창조주로서 변화를 겪으시는 것이 아닙니까? 그렇지 않습니다. 창조 활동으로 인하여 하나님의 본질이나 존재에 어떤 변화가 생기는 것은 아니기 때문입니다. 그분은 영원토록 하나님 이외의 모든 존재하는 것의 근원이십니다.

그렇다면 하나님이 사람이 되신 것은 그분이 변하심을 뜻하는 것이 아닙니까? 아닙니다. 성자 하나님이 사람이 되신 것은 신성이 인성으로 변한 것이 아니라, 성자 하나님이 인성을 취하여 사람이 되신 것입니다. 즉 사람이 되어 이 세상에 계시는 동안에도 성자 하나님은 항상 신성에 따라서는 변함이 없는 하나님, 곧 성부 하나님과 성령 하나님과 더불어 삼위일체 하나님이셨습니다.

그렇다면 어찌하여 하나님은 사람을 만든 것을 한탄하셨으며(창 6:6), 뜻을 돌이켜 이스라엘에 재앙을 내리지 않으시기도 한 것입니까(출 32:14)? 이러한 표현은 신인동정론적인 것으로, 사람의 형편과 예에 따라서 표현한 것입니다. 실제로 이러한 표현이 말하는 어떤 변화는 하나님에게 일어난 것이 아니라 사람에게서 그리고 사람이 하나님과 맺은 관계 안에서 일어난 것입니다. 즉 하나님이 사람을 만든 것을 한탄하셨다는 것은, 사람이 하나님과의 관계에 있어서 타락하고 부패하여 어긋나 있으며 멸망을 당하기에 마땅하다는 것을 말씀하는 것입니다. 히스기야왕의 죽음을 예언했다가 이를 돌이키는 것 또한 하나님의 변하심을 말하지 않습니다. 죽음의 예언은 하나님의 작정에 따라 일어날 일에 대한 예언이 아닙니다. 그것은 하나님이 간섭하지 않으신다면 있게 될 일에 대한 선언입니다. 요컨대 이러한 신인동정론적 표현들은 하나님이 존재, 속성, 목적과 동기 등에 있어서 불변함에도 피조물들과 상관하시는 다양한 관계와 변화들을 반영합니다.

더 깊은
질문 자연은 유한하므로 항상 변합니다. 하나님도 변화를 겪으시는
일이 가능할까요? 변화의 과정을 통해 하나님이 하나님 당신
을 실현하신다고 주장하는 이들이 있다면, 이들이 믿는 하나
님이 성경의 하나님일 수 있을까요? 불변하시는 하나님을 설
명해 보십시오.

악을 행하거나 하나님을 부인할 때 떨리는
양심의 소리는 헛된 것이 아닙니다.
양심이 존재하는 한 하나님을 부인할 수 없습니다.

하나님께서는 하나님을 아는 지식과 신성의 감각을
마치 이성을 주신 것과 마찬가지로
사람에게 심어 놓으셨습니다.

'여호와'는 약속하신 것을
반드시 이루신다는 뜻입니다.

하나님은 어떤 제한이나 한계가 없는 분으로
끝도 없이 넓은 우주도, 끝없이 계속되는 시간도
하나님을 그 안에 담지 못합니다.

하나님은 무한한 분으로
공간과 관련하여 어디에나 계십니다.
성경은 이러한 하나님을 '광대하다'고 찬양합니다.

영원은 시간의 전체가 아니며,
시간은 영원의 한 조각이 아닙니다.
시간은 변화의 연속이지만,
영원은 이러한 것들을 초월합니다.